Zum 60. Geburtstag
die herzlichsten Glück-
und Segenswünsche
von Pastor
  Bernhard Fögeling.

Die ganze Pfarre Hl. Familie
dankt Ihnen für ihr
langjähriges Engagement
für die Christen, besonders die
Kinder von Grafenwald.

Reinhard Lettmann

Zeugen des Glaubens in der Kirche von Münster

Regensberg

ISBN 3-7923-0618-2

© Verlag Regensberg, Münster, 1991
Gegründet 1591
Alle Rechte vorbehalten
Umschlaggestaltung: Rainer Eichler, Telgte
Gesamtherstellung: Regensberg, Münster

Inhaltsverzeichnis

Vorwort	7
Die Kirche – Haus der Freundschaft Gottes	11
Haus der Freundschaft	13
Freunde Gottes	15
Personales Angebot	17
Anna Katharina Emmerick	19
Predigt zum Gedenken an Anna Katharina Emmerick in der Heilig-Kreuz-Kirche in Dülmen am 8. September 1984	21
Schwester Maria Euthymia	25
Predigt am Allerheiligenfest 1981 in der Mutterhauskirche der Clemensschwestern in Münster	26
Ansprache anläßlich der Beisetzung der Gebeine von Schwester Maria Euthymia am 17. Juni 1985 auf dem Zentralfriedhof in Münster	28
Clemens August Graf von Galen	33
Artikel in den »Westfälischen Nachrichten« zur 100. Wiederkehr des Geburtstages von Bischof Clemens August (1978)	36
Ansprache im Gottesdienst des Domkapitels und des Großen Kaland am 17. März 1978 in Telgte zum Gedenken an Kardinal von Galen	38
Predigt im Dom zu Xanten am 16. Februar 1986	41
Nikolaus Groß	45
Predigt im Gedenkgottesdienst für Nikolaus Groß mit der KAB am 17. Juni 1990 in Xanten	47
Titus M. Horten	51
Predigt im Gottesdienst zum Gedenken von P. Titus Horten am 1. Mai 1986 in Vechta	52
Pater Joseph Kentenich	57
Predigt im Gottesdienst zum Gedenken des 100jährigen Geburtstages von Pater Kentenich am 17. November 1985 in der Überwasser-(Liebfrauen-)Kirche in Münster	58
Karl Leisner	63
Predigt aus Anlaß des 40jährigen Gedenkens der Priesterweihe von Karl Leisner im Dom zu Xanten am 15. Dezember 1984	64
Niels Stensen	69
Bischofswort zur Seligsprechung von Niels Stensen am 23. Oktober 1988	71
Predigt am Allerheiligenfest, dem 1. November 1988, im Dom zu Münster	74
Predigt an Silvester 1988 in St. Lamberti in Münster	75

Vorwort

Dietrich Bonhoeffer, evangelischer Theologe und als Widerstandskämpfer in der Zeit des Nationalsozialismus hingerichtet, schreibt: »Nicht durch Begriffe, sondern durch ›Vorbilder‹ bekommt das Wort der Kirche Nachdruck und Kraft.«

In dieser Schrift sollen einige Persönlichkeiten der Kirche von Münster vorgestellt werden, durch die das Wort der Verkündigung Nachdruck und Kraft bekommt.

Die Auswahl der Persönlichkeiten ist begrenzt. Auch andere könnten genannt und vorgestellt werden. Vielleicht ergibt sich dazu einmal eine andere Gelegenheit.

Einem Bild und einer kurzen Lebensbeschreibung der Personen sind jeweils eine oder mehrere Predigten und Ansprachen hinzugefügt, in denen versucht wird, wichtige Merkmale der Persönlichkeit herauszustellen. Die Zahl der beigefügten Texte bedeutet keine Wertung der einzelnen Persönlichkeiten, sondern ergibt sich aus der »Zufälligkeit« der bischöflichen Verkündigung. Da die Predigten und Ansprachen hier im Wortlaut des ursprünglichen Kontextes vorgelegt werden, sind einzelne unwesentliche Überschneidungen unvermeidlich.

+ Reinhard Lettmann

Breit, wuchtig und schwer erhebt der Dom sich auf dem Domhügel.

Die Weite des Domes verbindet die Menschen zur Gemeinschaft.

Die Kirche – Haus der Freundschaft Gottes

Unser Dom ist schön. Er ist immer schön. Am schönsten aber ist er, wenn er mit gläubigen Menschen gefüllt ist, die sich zum festlichen Gottesdienst versammeln, um Gott zu loben, ihn anzubeten und Eucharistie zu feiern. Dann wird unser Dom aus Stein ein Bild des geistigen Domes, der aus lebendigen Steinen erbaut ist, ein Bild der lebendigen Kirche.

Unser Dom kann uns auf wesentliche Grundlagen und Eigenschaften dieser lebendigen Kirche hinweisen.

Wer von der Pferdegasse oder vom Michaelisplatz aus den Domplatz betritt, ist beeindruckt vom Bild des Domes. Breit, wuchtig und schwer, der Erde verbunden, erhebt er sich auf dem Domhügel. Ein solcher Dom ist fest gegründet. Auf starkem Fundament kann er die Zeiten überdauern.

Das feste Fundament, auf dem die lebendige Kirche erbaut ist, ist Jesus Christus. Der Apostel Paulus, der häufiger das Bild vom Bau des Hauses auf die Kirche anwendet, schreibt an die Christen in Korinth: »Ich habe wie ein guter Baumeister den Grund gelegt. Ein anderer baut darauf weiter. Jeder soll darauf achten, wie er weiterbaut; denn einen anderen Grund kann niemand legen als den, der gelegt ist: Jesus Christus« (1 Kor 3,10–11).

Der Glaube an Jesus Christus ist das feste Fundament, auf dem unsere Kirche steht. Der hl. Ludgerus, der erste Bischof von Münster, hat die Kirche von Münster auf dieses feste Fundament gegründet. Auf ihm haben die nachfolgenden Generationen mehr als ein Jahrtausend hindurch weitergebaut. Auch wir wollen an diesem Fundament festhalten. Wir wollen dem Wort des Apostels an die Kolosser folgen: »Ihr habt Jesus Christus als Herrn angenommen; darum lebt auch in ihm. Bleibt in ihm verwurzelt und auf ihn gegründet, und haltet an dem Glauben fest, in dem ihr unterrichtet wurdet. Hört nicht auf zu danken« (Kol 2,6–7).

Wer den Dom betritt, ist überrascht von der Weite des Raumes. Der große, offene, weit überwölbte Raum kann viele Menschen versammeln und zur Gemeinschaft führen.

Dies kann ein Bild sein für die Weite, die unsere Kirche prägen soll. In ihr haben Menschen aller Rassen und Klassen, aller Völker und Sprachen Platz, sofern sie sich auf das gemeinsame Fundament des Glaubens an Jesus Christus stellen. Die Weite unseres Domes ist einladend. So soll auch unsere Kirche die Türen öffnen und einladend für die Menschen sein.

Die Weite des Domes ist hell und licht. Große Fenster öffnen ihn nach außen und lassen zugleich Licht hereinfallen. Unsere Kirche soll kein Ghetto sein, das sich von der Welt abschließt. Sie soll offen sein für die Fragen und Anliegen der Menschen und zugleich ihr Licht in die Welt hineinleuchten lassen.

Die Weite unseres Domes verbindet die einzelnen Menschen zur Gemeinschaft. Sie hat zugleich etwas Bergendes. Diese Gemeinschaft der Kirche soll uns auch im Leben tragen und Geborgenheit schenken.

Einen besonders unvergeßlichen Eindruck gewinnt man vom Dom an Herbstabenden, wenn er in von leichtem Nebel geprägtem Dämmerlicht angestrahlt wird. Man spürt dann, wie über unserem Dom ein Geheimnis liegt, das über den Bau aus Stein hinausweist. An solchen Abenden wird der Dom zu einem Bild jener himmlischen Stadt, die Gott uns verheißen hat. Er weckt in uns die Hoffnung auf unsere endgültige Heimat im Himmel. »Er lenkt unseren Blick auf das himmlische Jerusalem und gibt uns die Hoffnung, dort Gottes Frieden zu schauen« (Präfation vom Kirchweihfest).

Diese Hoffnung darf die Kirche nie verlieren. Sie gibt ihr und jedem von uns die Kraft für den Weg durch die Zeit, dem kommenden Christus entgegen.

Wenn wir so großartige Bauwerke wie unsere Dome sehen, fragen wir manchmal nach den Motiven der Menschen, die sie erbaut haben. Die Dome sollten nicht nur Funktionsräume sein, in denen die gläubige Gemeinde sich versammelt. Sie wurden errichtet zur Ehre Gottes.

Im Brief des Apostels Paulus an die Epheser heißt es: Gott »werde verherrlicht durch die Kirche und durch Christus Jesus in allen Generationen für ewige Zeiten. Amen« (Eph 3,21).

Die Kirche, für die unser Dom ein Sinnbild ist, hat ihre letzte Bestimmung in der Verherrlichung Gottes. Sie muß nicht nur im Gottesdienst, sondern in allen ihren Lebensäußerungen die Ehre Gottes suchen und sich immer wieder fragen, ob sie dieser Bestimmung entspricht.

Haus der Freundschaft

Leander von Sevilla (um 600), ein Zeitgenosse Papst Gregor des Großen, sagt: »Christus hat uns heimgeführt in das Haus seiner Freundschaft, in die eine Kirche.«

Die Kirche – das Haus der Freundschaft Christi: Was sagt uns dieses Bild über die Kirche und über uns?

Jesus selbst hat dieses Haus errichtet. Haus meint in diesem Zusammenhang nicht ein Haus von Stein, sondern das Miteinander von Menschen. Was sie in diesem Haus zusammenführt, ist die Freundschaft mit Christus.

Die Initiative zu dieser Freundschaft und damit die Einladung, in diesem Haus der Freundschaft zu wohnen, geht von Christus selbst aus. Er lädt die zwei Jünger des Johannes, die ihn fragen, wo er wohnt, ein: »Kommt und seht! Da gingen sie mit und sahen, wo er wohnte, und blieben jenen Tag bei ihm. Es war um die zehnte Stunde« (Joh 1,38–39).

Jesus macht dem jungen Mann, der ihn fragt, was er tun muß, um das ewige Leben zu gewinnen, das Angebot seiner Freundschaft. Jesus beantwortet seine Frage zunächst mit dem Hinweis auf die Gebote. Der junge Mann hat sie von Jugend auf befolgt. Damit hätte das Gespräch ein Ende finden können. Doch Jesus setzt es fort. Er sieht ihn an und gewinnt ihn lieb. Er macht ihm das Angebot seiner Freundschaft: »Komm und folge mir nach!« (Mk 10,21)

Jesus hat Freunde. Er nennt seine Jünger Freunde (Joh 15,14–15). Auch Lazarus wird Freund Jesu genannt (Joh 11,3).

Jesus ruft durch alle Zeiten hindurch Menschen in das Haus seiner Freundschaft, in die Kirche. Was verbindet die Menschen, die im Haus seiner Freundschaft wohnen? Es ist zunächst die Freundschaft, die Jesus einem jeden schenkt. Zugleich erwartet er, daß sie seine Freundschaft erwidern. Wenn die Kirche das Haus der Freundschaft Christi ist, muß dies in ihr spürbar sein. Die Freundschaft mit Christus muß die Atmosphäre dieses Hauses prägen.

Die Freunde Jesu können sehr unterschiedlich sein. Das zunächst Verbindende ist die Freundschaft mit ihm. Diese Freundschaft läßt sie aber auch untereinander zu Freunden werden. Auch diese Freundschaft untereinander muß die Atmosphäre des gemeinsamen Hauses prägen. Freunde gehen so miteinander um, wie er, der gemeinsame Freund, es will.

Könnte sich in dieses Haus der Freundschaft Neid einschleichen und Streit und Rivalität unter den Freunden die Beziehungen belasten? Das Evangelium berichtet, wie die Jünger miteinander stritten, wer von ihnen der Größte sei. Jesus sagte zu ihnen: »Wer der Erste sein will, soll der Letzte von allen und der Diener aller sein« (Mk 9,35). An dieses Wort müssen sich alle im Haus der Freundschaft Christi erinnern, wenn Neid und Streit und Rivalität die Atmosphäre zu belasten drohen.

Für das Haus der Freundschaft Christi gelten die Worte des Liedes, das wir in der Liturgie des Gründonnerstags singen:

»Wo Güte und Liebe, da wohnet Gott.
Christi Liebe hat uns geeint.
Laßt uns frohlocken und jubeln in ihm.
Fürchten und lieben wollen wir den lebendigen Gott
und einander lieben aus lauterem Herzen.
Da wir allesamt eines geworden,
hüten wir uns, getrennt zu werden im Geiste.
Es fliehe der Streit, böser Hader entweiche!
In unserer Mitte wohne der Herr.
Christus spricht zu den Seinen:
Wo zwei oder drei in meinem Namen versammelt sind,
da bin ich mitten unter ihnen.
So laßt uns Gott anhangen aus ganzer Seele,
und nichts soll stehen vor seiner Liebe.
Laßt uns in Gott dem Nächsten gut sein
wie uns selbst, und Gottes wegen
lieben auch den Feind.
Mit den Heiligen wollen wir schauen
dein Antlitz, Christus, dereinst in der Herrlichkeit.
O welch unermeßliche Freude
durch die grenzenlose Weite der Ewigkeit!«

Die Kirche – Haus der Freundschaft Christi! Ist dieses Wort des Leander von Sevilla ein Traum? Von Christus her gesehen, ist es Wirklichkeit! Er macht uns auch heute das Angebot seiner Freundschaft und ruft uns in das Haus seiner Freundschaft. Wir sind eingeladen, dieses Angebot anzunehmen und Freundschaft mit ihm und untereinander zu leben. Auch hier gilt das brasilianische Sprichwort, das Erzbischof Helder Camara gern zitiert: »Wenn ein Mensch träumt, dann ist es nur ein Traum; wenn aber viele träumen, dann erwacht eine neue Wirklichkeit.«

Freunde Gottes

In einem Lied singen wir: »Ihr Freunde Gottes allzugleich, verherrlicht hoch im Himmelreich.« Das Allerheiligenfest weist uns auf die vielen Menschen hin, die Christus als ihrem Herrn gefolgt sind und sich von ihm Richtung und Ziel ihres Lebens geben ließen. Wenn wir von Kirche sprechen, denken wir häufig zunächst an Institution und Organisation. Kirche ist aber in erster Linie Gemeinschaft. Sie ist die Gemeinschaft derer, die durch Glaube und Taufe zu Christus gehören und in seinem Geist miteinander verbunden sind. Weil Gottes Heiliger Geist sie eint, nennen wir sie die Gemeinschaft der Heiligen.

Diese Gemeinschaft endet nicht mit dem Tod. Sie bleibt über die Zeiten hinweg auch mit denen, die diese Erde bereits verlassen haben. Wir denken am Allerheiligenfest nicht bloß an die großen bekannten Heiligen, deren Feste wir feiern und deren Namen im Heiligenkalender verzeichnet sind. Wir wissen um die bleibende Gemeinschaft mit den vielen, die in der Spur Jesu gegangen sind und ihr ewiges Ziel bei Gott erreicht haben. Viele von ihnen haben uns im Leben nahegestanden: Eltern und Verwandte sowie gute Freunde. Wir sind ihnen allen über den Tod hinaus verbunden, und sie nehmen an unserem Leben Anteil.

Seit frühester Zeit hat die Kirche bestimmte Christen als Heilige verehrt und im Glauben von ihnen bekannt, daß sie endgültig bei Gott sind. Wir verehren die Heiligen als Vorbilder und gültige Beispiele christlichen Lebens, denn sie haben Wege gewiesen, wie ein Christ in der Gnade Gottes das ewige Heil erlangen kann.

Die Bilder der Heiligen sind oft auf Goldgrund gemalt. Im Mittelalter verherrlichte die »Legenda aurea«, die »Goldene Legende«, ihr Leben und Wirken. Das darf uns aber nicht vergessen lassen, daß die Heiligen lebendige, konkrete, greifbare und zum Nachvollzug anregende Menschen sind. Sie hatten ihre liebenswürdigen Seiten; aber sie hatten zum Teil auch ihre Ecken und Kanten. Doch gerade deshalb, weil sie Menschen sind wie wir, wird in ihnen sichtbar, daß die christliche Botschaft nicht eine abstrakte Idee, sondern gelebte Wirklichkeit ist. Sie machen auch uns Mut, uns auf den Weg Jesu einzulassen. Dabei rufen wir ihre Fürbitte an in dem gläubigen Bewußtsein, daß das fürbittende Gebet der Schwestern und Brüder, die ihr Ziel bei Gott erreicht haben, von besonderer Bedeutung ist.

Die Heiligen weisen über sich hinaus auf Gott. Seine Gnade hat sich in ihnen mächtig erwiesen. Die rechte Verehrung der Heiligen zielt deshalb letztlich auf Jesus Christus und durch ihn auf Gott, der sich wunderbar und mächtig erweist in seinen Heiligen.

Personales Angebot

Vor mehreren Jahren schrieb der Schweizer evangelische Pfarrer Walter Nigg ein Buch mit dem Titel »Die Heiligen kommen wieder«. In manchen Kirchenräumen, die längere Zeit hindurch eher kahl und nüchtern gehalten waren, ist dies im wörtlichen Sinn geschehen. Neue Kunstwerke werden geschaffen; aber auch alte wertvolle Figuren finden einen neuen Platz. »Die Heiligen kommen wieder!« Das zeigt sich auch im Suchen nach Leitbildern für das eigene Leben.

Der Beschluß der Gemeinsamen Synode der Bistümer in der Bundesrepublik Deutschland über »Ziele und Aufgaben der kirchlichen Jugendarbeit« stellt die Bedeutung des »personalen Angebots« heraus. Für das Alter der Jugendlichen »ist es eigentümlich, nicht deutlich zwischen Sache und Person zu unterscheiden. Ideen und Programme gelten in der Regel so viel wie die Personen, die sie verkörpern. Daher kommt es in der kirchlichen Jugendarbeit entscheidend darauf an, daß die Botschaft Jesu den Jugendlichen in glaubwürdigen Menschen begegnet«.

In einem Gebet im »Gotteslob« heißt es: »Gott, wir danken dir für alle Menschen, die durch das Zeugnis ihres Glaubens unseren Glauben begründet haben und stärken.« Kardinal Volk sagt im Hinblick auf das Zeugnis: »Das Zeugnis für Christus ist die biblische Kategorie der Verkündigung. Wer über Christus informieren will, ohne sich mit der Botschaft von Christus zu identifizieren, informiert nicht richtig über Christus. Über die Fragen des Glaubens kann man endlos diskutieren. Den gläubigen Menschen kann man nicht wegdiskutieren. Nach dem biblischen Befund ist der Zeuge, der mit sich selbst Jesus als Christus bezeugt, unerläßlich, aber auch wirksam in der Verkündigung des Glaubens« (H. Volk, Ihr sollt meine Zeugen sein, Mainz 1977, S. 5).

Die Verpflichtung zum Zeugnis gilt für jeden Christen; denn »das Evangelium wird nicht allein durch das Wort verkündet. Das Zeugnis des Lebens ist wichtiger und wirksam« (Henry de Lubac). Das oben zitierte Gebet läßt uns vor allem für Maria, die Mutter aller Glaubenden, danken. Wir sind denen, die in der Reihe der Glaubenden vor uns gegangen sind, zum Dank verpflichtet, weil sie durch das Zeugnis ihres Glaubens unseren Glauben begründet haben und stärken. Dabei kommt einigen eine besondere Bedeutung zu. »In jeder Periode der Geschichte hat Gott einer Reihe von Menschen den Auftrag erteilt, das Evangelium nach dem Urtext vorzuleben, in ihrer Person, ›mit Leib und Blut‹ sozusagen eine zeitgemäße originelle Ausgabe darzustellen« (Madeleine Delbrêl).

Wir wollen im folgenden auf einige solcher christlichen Persönlichkeiten schauen, die der Kirche von Münster in besonderer Weise verbunden sind. Einige von ihnen sind bereits seliggesprochen. Für andere ist das Seligsprechungsverfahren noch nicht beendet. Wenn der Papst im Namen der Kirche einen Menschen seligspricht, bedeutet das: Wir sind im Glauben davon überzeugt, daß er sein ewiges Ziel bei Gott erreicht hat. Er kann uns Vorbild christlichen Lebens sein, und wir bitten ihn, bei Gott für uns einzutreten.

Soli Deo gloria

Anna Katharina Emmerick

I

Anna Katharina Emmerick wurde am 8. September 1774 in der Bauernschaft Flamschen bei Coesfeld geboren. Inmitten einer Geschwisterschar von 9 Kindern wuchs sie auf. Schon früh mußte sie im Haus und bei der Landarbeit helfen. Ihr Schulbesuch war kurz. Um so mehr fiel es auf, daß sie in religiösen Dingen gut unterrichtet war. Schon früh bemerkten die Eltern und alle, die Anna Katharina kannten, daß sie sich in besonderer Weise zum Gebet und zum religiösen Leben hingezogen fühlte.

Drei Jahre tat Anna Katharina Dienst auf einem großen Bauernhof in der Nachbarschaft. Anschließend lernte sie nähen und war zur weiteren Ausbildung in Coesfeld. Sie liebte es, die alten Kirchen in Coesfeld zu besuchen und den Gottesdienst mitzufeiern. Besonders liebte sie das Gebet und die Betrachtung vor dem »Coesfelder Kreuz«. Oft ging sie allein für sich betend den großen Kreuzweg.

Anna Katharina hatte den Wunsch, ins Kloster einzutreten. Da dieser Wunsch sich zunächst nicht verwirklichen ließ, kehrte sie in das Elternhaus zurück. Sie arbeitete als Näherin und kam dabei in viele Häuser.

Anna Katharina bat in verschiedenen Klöstern um Aufnahme. Sie wurde jedoch abgewiesen, da sie keine besondere Mitgift mitbringen konnte. Die Klarissen in Münster erklärten sich schließlich bereit, sie aufzunehmen, wenn sie das Orgelspielen erlernen würde. Sie erhielt von ihren Eltern die Erlaubnis, beim Organisten Söntgen in Coesfeld in die Lehre zu gehen. Sie kam jedoch nicht dazu, das Orgelspiel zu erlernen. Die Not und Armut in diesem Haus veranlaßten sie, im Hause und in der Familie mitzuarbeiten. Sie gab sogar ihre geringen Ersparnisse hin, um der Familie Söntgen zu helfen.

Eine Tochter des Organisten Söntgen war ausgebildete Organistin. Auch sie spürte den Ruf zum Ordensleben. Die Augustinerinnen in Dülmen suchten eine Schwester, die Orgel spielte. Organist Sönten war bereit, seiner Tochter die Erlaubnis zu geben, dort einzutreten unter der Bedingung, daß auch Anna Katharina Emmerick aufgenommen würde.

Gemeinsam mit ihrer Freundin Klara Söntgen konnte sie 1802 im Kloster Agnetenberg in Dülmen eintreten. Im folgenden Jahr legte sie ihr Ordensgelübde ab. Mit Eifer nahm sie am Leben des Klosters teil. Sie war stets bereit, auch schwere und ungeliebte Arbeiten zu übernehmen. Ihrer armen Herkunft wegen wurde sie im Kloster zunächst wenig geachtet. Manche ihrer Mitschwestern nahmen Anstoß an ihrer genauen Befolgung der Ordensregel und hielten sie für eine Heuchlerin. Anna Katharina trug diesen Schmerz schweigend und in stiller Ergebung.

In den Jahren 1802 bis 1811 wurde Anna Katharina häufiger krank und hatte große Schmerzen zu erdulden.

1811 wurde das Kloster Agnetenberg im Zuge der Säkularisation aufgehoben. Auch Anna Katharina mußte das Kloster verlassen. Sie fand Aufnahme als Haushälterin bei Abbé Lambert, einem aus Frankreich geflüchteten Priester, der in Dülmen wohnte. Doch bald wurde sie krank. Sie konnte das Haus nicht mehr verlassen und wurde bettlägerig. Im Einvernehmen mit Vikar Lambert ließ sie ihre jüngere Schwester Gertrud kommen, die unter ihrer Leitung den Haushalt betreute.

In dieser Zeit empfing Anna Katharina Emmerick die Wundmale. Die Schmerzen der Wundmale hatte sie bereits seit längerer Zeit erlitten. Die Tatsache, daß sie die Wundmale trug, konnte nicht verborgen bleiben. Dr. Franz Wesener, ein junger Arzt, suchte sie auf und war so sehr von ihr beeindruckt, daß er ihr in den folgenden elf Jahren ein treuer, selbstloser und helfender Freund wurde. Er hat ein Tagebuch über seine Begegnungen mit Anna Katharina Emmerick geführt, in dem er eine Fülle von Einzelheiten festgehalten hat.

Nachdem der Generalvikar Clemens August Freiherr von Droste zu Vischering von den Ereignissen in Dülmen erfahren hatte, veranlaßte er eine kirchliche Untersuchung. Das Urteil fiel positiv aus. Der Ruf, daß Anna Katharina Emmerick Visionen und die Wundmale des Herrn hatte, verbreitete sich. Viele Menschen besuchten sie an ihrem Krankenbett, um von ihr Trost und Zuspruch zu erbitten.

Nachdem sich der Ruf von den außergewöhnlichen Ereignissen in Dülmen immer weiter verbreitete, wurde eine staatliche Untersuchung angeordnet. Anna Katharina hatte sehr darunter zu leiden, da man von ihr die Aussage erpressen wollte, daß alles ein Täuschung sei. Im Anschluß an diese Untersuchung kam es zu einer längeren Auseinandersetzung in der Öffentlichkeit, unter der Anna Katharina sehr litt.

Ein hervorstechender Zug im Leben Anna Katharinas war ihre Liebe zu den Menschen. Wo immer sie Not sah, suchte sie zu helfen. Auch auf ihrem Krankenlager fertigte sie noch Kleidungsstücke für arme Kinder an und freute sich, wenn sie ihnen damit helfen konnte. Obwohl ihr die vielen Besucher manchmal hätten lästig werden können, nahm sie alle freundlich auf. Sie nahm sich ihrer Anliegen im Gebet an und schenkte ihnen Ermunterung und Trost.

Viele Persönlichkeiten, die in der kirchlichen Erneuerungsbewegung zu Beginn des 19. Jahrhunderts von Bedeutung waren, suchten die Begegnung mit Anna Katharina Emmerick, u.a.: Clemens August Freiherr Droste zu Vischering, Bernhard Overberg, Friedrich Leopold von Stolberg, Johann Michael Sailer, Christian und Clemens Brentano, Luise Hensel, Melchior und Apollonia Diepenbrock.

Von besonderer Bedeutung wurde die Begegnung mit Clemens Brentano. Aus seinem ersten Besuch 1818 wurde ein fünfjähriger Aufenthalt in Dülmen. Täglich besuchte er Anna Katharina, um ihre Visionen aufzuzeichnen, die er später veröffentlichte.

Im Sommer 1823 wurde Anna Katharina immer schwächer. Wie in allen vorhergehenden Jahren verband sie ihr Leiden mit dem Leiden Jesu und opferte es auf für die Erlösung der Menschen. Sie starb am 9. Februar 1824.

Anna Katharina Emmerick wurde auf dem Friedhof in Dülmen begraben. Zahlreiche Menschen nahmen an der Beerdigung teil. Weil das Gerücht entstand, der

Leichnam Anna Katharinas sei entwendet worden, wurde das Grab in den auf die Beerdigung folgenden Wochen noch zweimal geöffnet. Der Sarg mit dem Leichnam wurde in unversehrtem Zustand gefunden.

1891 wurde das Seligsprechungsverfahren für Anna Katharina Emmerick eröffnet. 1899 konnte das Verfahren in Münster abgeschlossen werden. In Rom stieß das Seligsprechungsverfahren jedoch auf Schwierigkeiten. Obwohl von Gutachtern festgestellt worden war, daß die von Clemens Brentano veröffentlichten Visionen nicht als Schriften Anna Katharina Emmericks angesehen werden können, wurde das Verfahren 1928 aufgrund eines Dekretes des Heiligen Offiziums nicht weitergeführt. 1973 beantragte Bischof Heinrich Tenhumberg die Wiederaufnahme des Verfahrens. Seiner Bitte wurde entsprochen. Es ist zu hoffen, daß das Seligsprechungsverfahren bald zu einem guten Abschluß kommen wird.

Im Zusammenhang mit dem wiederaufgenommenen Seligsprechungsverfahren wurde ihr Grab am 15. Februar 1975 erneut geöffnet. Ihre Gebeine wurden in die Heilig-Kreuz-Kirche zu Dülmen übergeführt.

II

Predigt zum Gedenken an Anna Katharina Emmerick in der Heilig-Kreuz-Kirche in Dülmen am 8. September 1984

Clemens Brentano schreibt über Anna Katharina Emmerick: »Sie steht wie ein Kreuz am Weg.« Anna Katharina Emmerick weist uns hin auf die Mitte unseres christlichen Glaubens, auf das Geheimnis des Kreuzes.

Vor längerer Zeit wollte ein Künstler ein Kreuz schaffen aus alten Autowracks. Ausgeschlachtet, vom Rost zerfressen, zusammengeschlagen: So liegen die alten Autoreste auf den Schutthalden und interessieren nicht einmal mehr den Altwarenhändler. Dieses wertlose Gerümpel schien dem Künstler das geeignete Material, um die Not und Erniedrigung vieler Menschen darzustellen: ausgebeutet, verbraucht und dann am Ende beiseite geworfen auf die Schutthalde der Gesellschaft. »Gekreuzigtes«: So wollte der Künstler sein Werk nennen: Das Kreuz als Symbol für alle Not und Erniedrigung des Menschen; das Kreuz zugleich als Zeichen des Protestes.

»Gekreuzigtes«? Zerschlagene Autowracks können Zeichen für die Not und Ausbeutung des Menschen sein. Sie können Zeichen des Protestes sein und zugleich Impuls zur Befreiung des Menschen aus Unterdrückung, Erniedrigung und Not. Aber sie sind noch nicht Zeichen der christlichen Erlösung. Die Befreiung, zu der solche Bilder Anstoß geben können, setzt nicht tief genug an. Die unmenschlichen Kriege, die Rassenverfolgungen, die Greuel der Konzentrationslager, Unterdrückung, Ungerechtigkeit, Ausbeutung, Folter und Mord: In diese Sünde der Welt ist die persönliche Schuld des Menschen in vielfältiger Weise hineinverwoben. Der letzte Grund der

Sünde aber liegt in der Abkehr des Menschen von Gott. Aus eigener Kraft kann sich der Mensch aus diesem Zustand der Gottesferne nicht befreien. Deshalb reichen alle Bemühungen der Menschen um eine bloß innerweltliche Befreiung nicht aus.

Doch Gott selbst hat seinen eigenen Sohn in die Welt gesandt, um die Menschen mit sich zu versöhnen. Davon kündet das christliche Kreuz, auf das Anna Katharina Emmerick uns verweist. Sie schildert in ihren Visionen den Tod Jesu am Kreuz. Um ihn geht es, um den Gekreuzigten. Ohne ihn wäre das Kreuz sinnlos und leer und so wertlos wie die alten Autowracks. Ohne den Gekreuzigten bliebe auch der Protest ein hilfloser Aufschrei. Das Bild des gekreuzigten Herrn zeigt uns die ganze Tiefe menschlicher Not und Verlorenheit. Zugleich aber ist es für uns das Zeichen der Erlösung und des Heiles.

Das Leben Anna Katharina Emmericks ist gekennzeichnet von einer tiefen Christusverbundenheit. Sie liebte es, vor dem berühmten Coesfelder Kreuz zu beten. Häufig ging sie den großen Kreuzweg. Sie nahm persönlich so sehr teil am Leiden des Herrn, daß es nicht übertrieben ist zu sagen: Sie lebte, litt und starb mit Christus. Ein äußeres Zeichen dafür, das aber zugleich mehr ist als ein bloßes Zeichen, sind die Wundmale, die sie trug.

Mit Christus leiden, mit Christus sterben, mit Christus leben: Das gilt in unsichtbarer, aber nicht weniger wirklicher Weise für alle Christen. Paulus fragt: »Wißt ihr denn nicht, daß wir alle, die wir auf Christus Jesus getauft wurden, auf seinen Tod getauft worden sind? ... Wenn wir nämlich ihm gleich geworden sind in seinem Tod, dann werden wir mit ihm auch in seiner Auferstehung vereinigt sein« (Röm 6,3–5).

Was im Leben jedes Christen unsichtbar, aber darum nicht weniger wirklich, geschieht, ist in Anna Katharina Emmerick leibhaft sichtbar geworden. Ihr Leben kann uns auf diese tiefe grundlegende Dimension unseres christlichen Lebens hinweisen. Unsere Erlösung besteht in der Verähnlichung und Vereinigung mit Christus. Wir haben Gemeinschaft mit Christus im Leiden und Tod. Wir werden Gemeinschaft mit ihm haben in der Auferstehung und im Leben.

Diese geistliche Wirklichkeit gibt unserem Leben Halt und Trost. Nichts kann uns von der Liebe Christi trennen, nicht das Kreuz, nicht Leiden und Tod. Gerade in diesen Situationen des menschlichen Lebens sind wir Christus verbunden. In dieser Christusverbundenheit ist alles, was uns im Leben trifft – Mühsal, Not, Leiden, Tod –, alles das, was uns häufig so sinnlos zu sein scheint und unser Leben angreift und zu zerstören droht, letztlich entmachtet. In der Verähnlichung und Vereinigung mit Christus wird es verwandelt zu unserem Heil. »Diese Verähnlichung mit dem erniedrigten und mit dem erhöhten Christus ist der unentbehrliche Schlüssel zum Verständnis des christlichen Daseins, um getröstet in dieser Zeit zu leben und zugleich sehnlich der endgültigen Vollendung entgegenzugehen« (H. Volk).

Anna Katharina Emmerick war eine große Marienverehrerin. Der Festtag Mariä Geburt ist auch ihr Geburtstag. Ein Wort aus einem Mariengebet weist uns auf einen weiteren Aspekt im Leben Anna Katharinas hin. In diesem Gebet heißt es: »O Gott, laß uns nach dem Vorbild des Glaubens und der Liebe Mariens dem Werk der Erlösung dienen.« Dem Werk der Erlösung dienen: Das wollte Anna Katharina Emmerick.

Der Apostel Paulus spricht im Brief an die Kolosser von zwei Weisen des Dienstes am Evangelium, des Dienstes an der Erlösung. Die eine Weise besteht in der aktiven Verkündigung in Wort und Tat. Was aber, wenn das nicht mehr geht? Paulus, der sich offensichtlich in einer solchen Situation befindet, schreibt: »Jetzt freue ich mich in den Leiden, die ich für euch ertrage. Für den Leib Christi, die Kirche, ergänze ich in meinem irdischen Leben das, was an den Leiden Christi noch fehlt« (Kol 1,24).

In beiderlei Weise hat Anna Katharina Emmerick der Erlösung gedient. Ihr Wort, das aus ihrer unscheinbaren Kammer in Dülmen durch die Schriften von Clemens Brentano ungezählte Menschen in vielen Sprachen erreicht hat, ist bis in unsere Tage hinein eine hervorragende Verkündigung des Evangeliums im Dienst an der Erlösung. Zugleich aber hat Anna Katharina Emmerick ihr Leiden als einen Dienst an der Erlösung aufgefaßt. Dr. Wesener, ihr Arzt, berichtet in seinem Tagebuch ihren Anspruch: »Ich habe es mir immer als eine besondere Gabe von Gott erbeten, daß ich für die leide und womöglich genugtue, die aus Irrtum oder Schwachheit auf dem Irrweg sind.« Es wird berichtet, daß Anna Katharina Emmerick vielen ihrer Besucher Glaubenshilfe und Trost spendete. Ihr Wort hatte diese Kraft, weil sie ihr Leben und Leiden in den Dienst der Erlösung hineintrug.

Durch Glauben und Liebe dem Werk der Erlösung dienen: Anna Katharina Emmerick kann uns darin ein Vorbild sein.

Dr. Wesener überliefert den Ausspruch Anna Katharina Emmericks: »Ich habe den Dienst an dem Nächsten immer für die höchste Tugend gehalten. In meiner frühesten Jugend schon habe ich Gott gebeten, daß er mir die Kraft verleihen wolle, meinen Mitmenschen zu dienen und nützlich zu sein. Und ich weiß jetzt, daß er meine Bitte erfüllt hat.« Wie konnte sie, die jahrelang auf das Krankenzimmer beschränkt und an das Bett gefesselt war, den Nächsten dienen?

Der damalige Generalvikar Clemens August Droste zu Vischering nennt in einem Brief an den Grafen Stolberg Anna Katharina Emmerick eine besondere Freundin Gottes. Mit einem Wort von Hans Urs von Balthasar können wir sagen: »Sie warf ihre Freundschaft mit Gott in die Waagschale in der Solidarität mit den Menschen.«

Die Freundschaft mit Gott in die Waagschale werfen in der Solidarität mit den Menschen: Wird hier nicht ein Anliegen für das kirchliche Leben unserer Tage deutlich? Der christliche Glaube erfaßt nicht mehr alle. Die christliche Gemeinde steht stellvertretend in unserer Welt für die Menschen vor Gott. Wir müssen unsere Freundschaft mit Gott in die Waagschale werfen in der Solidarität mit den Menschen.

Anna Katharina Emmerick ist uns verbunden in der Gemeinschaft der Glaubenden. Diese Gemeinschaft endet nicht mit dem Tod. Wir glauben an die bleibende Gemeinschaft mit allen, die Gott zur Vollendung geführt hat. Wir sind über den Tod hinaus verbunden, und sie nehmen an unserem Leben teil. Wir können sie anrufen und sie um ihre Fürsprache bitten. Wir bitten Anna Katharina Emmerick, daß sie ihre Freundschaft mit Gott in die Waagschale werfe in der Solidarität mit uns und mit allen Menschen.

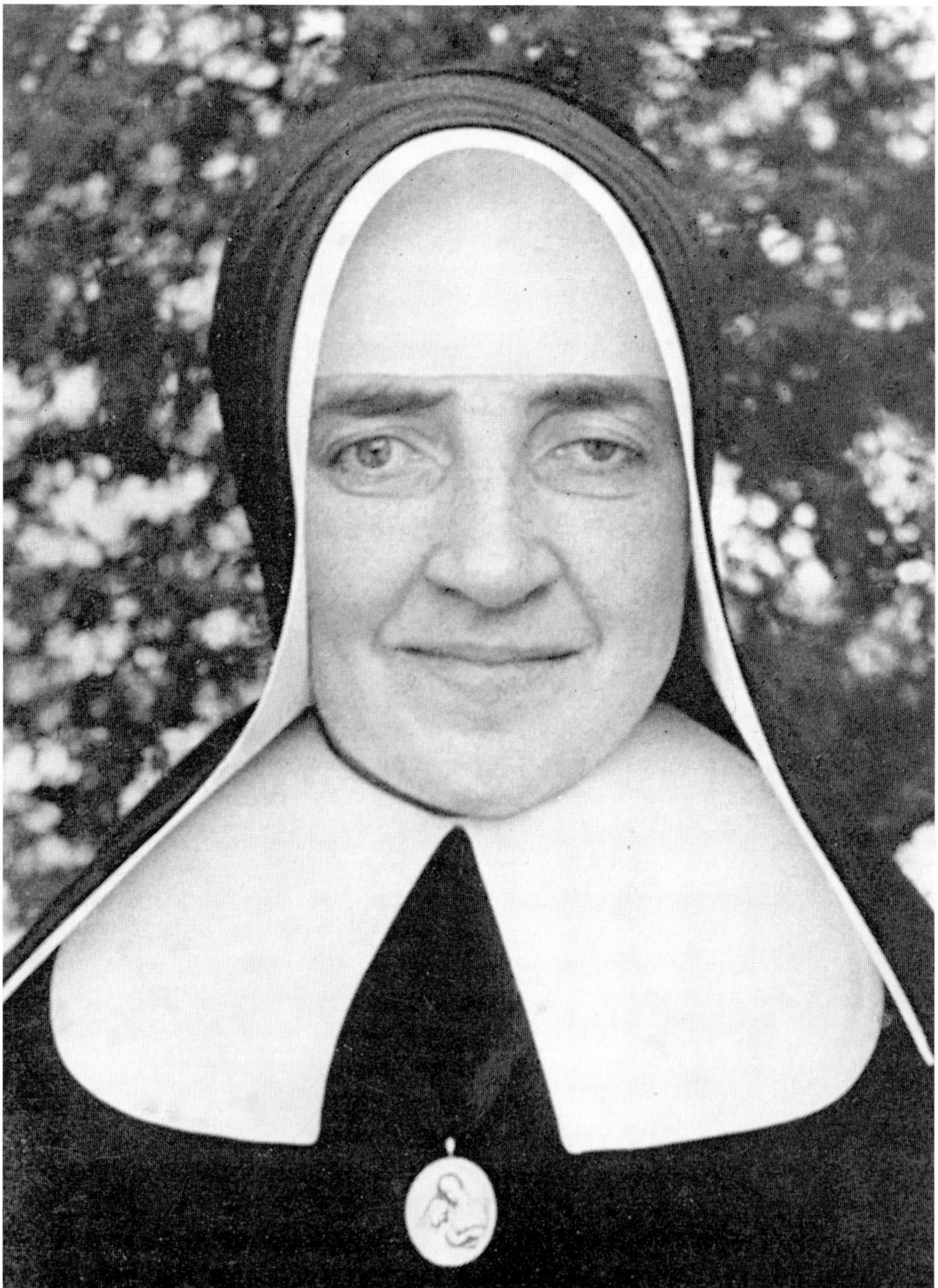

Schwester Maria Euthymia

I

Emma Üffing wurde am 8. April 1914 in Halverde, Kreis Tecklenburg, geboren. Sie wuchs im Kreise einer gläubigen Familie in dörflicher Umgebung auf und besuchte die Volksschule in Halverde. Im Alter von 17 Jahren kam sie zur weiteren Ausbildung in das St.-Anna-Hospital in Hopsten, wo sie die Genossenschaft der Clemensschwestern kennenlernte.

Am 23. Juli 1934 trat Emma Üffing bei den Clemensschwestern in Münster ein und bekam den Namen Euthymia. Nach Ablegung der zeitlichen Gelübde bereitete sie sich auf ein erstes Examen im Bereich der Krankenpflege vor. Im Herbst 1936 wurde sie in das St.-Vinzenz-Hospital in Dinslaken versetzt, wo sie 12 Jahre blieb. Nach einer kurzen Tätigkeit in der Frauenstation betreute sie die Kranken der Isolierstation, die den Namen der heiligen Barbara trug. 1939 legte sie das Krankenpflegeexamen ab.

Nach Ablegung der Ewigen Gelübde in Münster kehrte Schwester Euthymia nach Dinslaken zurück. Die Arbeit in der Isolierstation des Krankenhauses wurde in der Zeit des Krieges immer schwieriger.

1943 wurde Schwester Euthymia die Pflege der kranken Kriegsgefangenen und Fremdarbeiter anvertraut. Sie widmete sich ihrer Betreuung mit unermüdlicher Sorge und Herzlichkeit. Der französische Priester Emil Eche, der selbst als Kriegsgefangener mehrere Jahre im Krankenhaus in Dinslaken lebte und in der Pflege der Kranken mit ihr zusammenarbeitete, stellt ihr ein hervorragendes Zeugnis aus. Im Umgang mit den Kranken war sie von einer herzlichen Liebe und Freundlichkeit. Nichts wurde ihr zuviel. Sie wußte, daß die kranken Gefangenen nicht nur körperliche Leiden zu ertragen hatten. Durch ihre menschliche Zuneigung und Nähe vermittelte sie ihnen das Gefühl der Geborgenheit. Sie betete mit den Kranken und trug Sorge, daß sie die heiligen Sakramente empfangen konnten. Man nannte Schwester Euthmyia den »Engel von St. Barbara« und »Mama Euthymia«.

Gegen Ende des Krieges wurde die Stadt Dinslaken und mit ihr auch das Krankenhaus durch einen schweren Bombenangriff zerstört. Als die Schwestern nach dem Krieg in das notdürftig wiederhergestellte Krankenhaus zurückkehren und ihren Dienst wieder aufnehmen konnten, wurde Schwester Euthymia mit der Leitung der Wäscherei beauftragt. Diese Aufgabe versah sie einige Jahre, bis sie 1948 die Leitung der großen Wäscherei im Mutterhaus der Clemensschwestern in Münster übernahm. Unter großen Schwierigkeiten und Mühen waren das Mutterhaus und die Raphaelsklinik nach den Zerstörungen des Krieges wieder aufgebaut worden. In einer großen Baracke wurde eine Wäscherei eingerichtet. Es fiel Schwester Euthymia, die mit Leib und Seele den unmittelbaren Dienst an den Kranken liebte, nicht leicht, erneut ins Waschhaus zu gehen. Der Orden hoffte jedoch, mit Schwester Euthymia eine umsichtige Leiterin der Wäscherei gefunden zu haben.

Trotz der Überfülle der Arbeit, die Schwester Euthymia in ihrer neuen Stelle erwartete, blieb sie die freundliche und immer hilfsbereite Schwester, die für jeden ein freundliches Lächeln und ein gutes Wort hatte und allen, die sie in irgend einer Angelegenheit um Hilfe baten, half.

Schwester Euthymia liebte es, in ihrer freien Zeit in der Kapelle vor dem Tabernakel zu beten. Viele, die sie kannten und darum wußten, baten sie um ihr fürbittendes Gebet.

Eine schwere Krankheit führte zum frühen Tod von Schwester Euthymia. Nach schmerzlichem Krankenlager starb sie am Morgen des 9. September 1955.

Unmittelbar nach ihrem Tod begannen Menschen die Fürbitte Schwester Euthymias anzurufen. So ist es bis heute geblieben. Ungezählte Briefe zeigen, daß Menschen in allen Anliegen bei Schwester Euthymia Hilfe suchen: in Krankheiten, bei Unfällen, in Glaubenskrisen, in Arbeitslosigkeit, Verzweiflung, Einsamkeit und Lebensangst. Zahlreiche Briefe geben der Überzeugung Ausdruck, daß sie auf die Fürbitte von Schwester Euthymia in ihren Anliegen Hilfe erfahren haben.

Die Verehrung Schwester Euthymias ist inzwischen über Deutschland hinaus gedrungen. Ihre Biographie ist in mehreren Weltsprachen erschienen. Ihr Grab auf dem Zentralfriedhof in Münster ist ständig mit Kerzen und Lichtern, mit Blumen und Kränzen geschmückt. Zahlreiche Votivtafeln bringen den Dank der Menschen zum Ausdruck.

Im Seligsprechungsprozeß für Schwester Euthymia, der bald nach ihrem Tod eingeleitet wurde, ist festgestellt worden, daß sie die christlichen Tugenden in heroischer Weise gelebt hat. Es besteht begründete Hoffnung, daß die Seligsprechung bald erfolgen kann.

II

Predigt am Allerheiligenfest 1981 in der Mutterhauskirche der Clemensschwestern in Münster

Wir feiern diesen Gottesdienst in der Mutterhauskirche der Clemensschwestern, die alljährlich am Allerheiligenfest ihren Gründungstag begehen. Das gibt uns Anlaß, insbesondere der Schwester Maria Euthymia aus dem Orden der Clemensschwestern zu gedenken. Viele Menschen werden heute in der Stadt Münster, wenn sie die Gräber ihrer Angehörigen auf dem Friedhof besuchen, auch zum Grab von Schwester Maria Euthymia gehen und dort eine Kerze anzünden. Schwester Euthymia ist zwar schon 26 Jahre tot; aber sie ist nicht vergessen. Ihr Grab ist immer mit Blumen geschmückt. Und fast immer trifft man an ihrem Grab Menschen, die beten.

Wer war Schwester Euthymia? Einige Bilder aus ihrem Leben können es uns sagen.

Schwester Maria Euthymia tat Dienst als Krankenschwester im Krankenhaus in Dinslaken. Es war in der Zeit des Krieges. Damals sollten in diesem Krankenhaus verwundete und kranke Kriegsgefangene aufgenommen werden. Man richtete in aller

Eile eine Station ein, und bald kamen die kranken Gefangenen von weither dorthin: Engländer und Franzosen, Russen und Polen. Manche Menschen standen den kranken Kriegsgefangenen mit großer Reserve gegenüber. Sie sahen in ihnen den Gegner und den Feind. Schwester Maria Euthymia dachte nicht so. Sie sah in den kranken jungen Männern nicht den Gegner und den Feind, sondern den Menschen, der Hilfe brauchte. Aufzeichnungen über die damalige Zeit berichten, daß einmal ein Transport mit kranken Kriegsgefangenen mitten in der Nacht vor dem Krankenhaus ankam. Man nahm sich nicht einmal die Zeit, die einzelnen kranken Männer behutsam vom Lastwagen herunterzunehmen; man kippte den Lastwagen einfach ab, so daß die Männer wie Baumstämme zu Boden rollten. Als Schwester Euthymia das sah, tat ihr das Herz bitter weh, und sie ging sofort hinaus, um den kranken Männern zu helfen.

Auch in den Krankenhäusern machte sich die Notzeit des Krieges bemerkbar. Die Essensrationen waren knapp, und manch einer der Kranken litt Hunger. Schwester Eutyhmia bemerkte, daß Kriegsgefangene, vom Hunger getrieben, sogar in den Mülltonnen wühlten, um noch etwas Eßbares zu finden. Sie ging dann zu guten Leuten, bettelte Brot, machte Butterbrote und legte sie in die Mülltonnen, damit die hungrigen Kranken etwas gutes Eßbares finden könnten. Offen durfte sie ihnen kein zusätzliches Brot geben. Das hatte man in der damaligen Zeit verboten.

So hatte man auch verboten, daß ein Priester in die Gefangenenabteilung kam, um den kranken Männern die Sakramente zu spenden und ihnen in den schweren Stunden beizustehen. Doch Schwester Euthymia hielt sich nicht an dieses Verbot. Sie rief den Pfarrer aus der Nachbarschaft, Propst Theisselmann aus Walsum, der ein sehr sprachenkundiger Herr war. Er kam heimlich und unerkannt in die Baracke, um den schwerkranken jungen Männern den Trost des Glaubens zu spenden. Und an manchem Sterbebett hat Schwester Euthymia selbst gewacht und den sterbenden jungen Männern die Hand festgehalten, damit sie nicht ganz einsam und verlassen, fern der Heimat, fern ihrer Frau, fern ihrer Mutter und fern ihren Kindern sterben mußten. Manch einer hat von ihr gesagt: »Sie war so gut zu uns, wie eine Mutter.«

Nach dem Krieg war Schwester Euthmyia hier im Mutterhaus im Waschhaus tätig. Durch ihr liebevolles Wesen, ihre Geduld und ihre Freundlichkeit hat sie in aller Stille und Verborgenheit vielen Menschen geholfen.

Schwester Euthymia holte sich die Kraft für ihren Dienst aus dem Gebet. Immer wieder sah man sie in ihren freien Stunden in der Kapelle oder in der Kirche, wo sie vor dem Tabernakel kniete und betete. Als sie im September 1955 im Alter von 41 Jahren einem schweren Krebsleiden erlag, begannen viele, denen sie geholfen hatte, sie wie eine Heilige zu verehren und ihre Fürbitte anzurufen. Der Titel einer Biographie über Schwester Euthymia könnte als Leitwort über ihrem Leben stehen: Ich diente, und mein Lohn ist Friede.

Was kann uns das Leben von Schwester Euthymia sagen? Es weist hin auf die Bedeutung des stillen und schlichten Dienens. Es ruft uns auf, die Würde des Menschen zu achten. Es drängt uns zum Einsatz für die Versöhnung unter den Völkern und für den Frieden. Es zeigt uns, wie Herzlichkeit das Leben der Menschen heller und wärmer macht. Schwester Euthymia sprach keine Fremdsprachen. Und doch verstanden alle, was sie sagen wollte. Sie sprach die Sprache des Herzens und der Liebe, und die versteht ein jeder Mensch.

Der Dienst von Schwester Euthymia galt in besonderer Weise den Kranken, sowohl in der unmittelbaren Pflege als auch später im Hintergrund im Waschhaus. Ist es da verwunderlich, daß kranke Menschen sie auch heute gern anrufen und sie um ihre Fürsprache bitten? So wollen auch wir in dieser Stunde ihre Fürbitte anrufen. Wir tun es in dem gläubigen Bewußtsein, daß das fürbittende Gebet der Schwestern und Brüder, die ihr Ziel in Gott erreicht haben, von besonderer Bedeutung ist.

Die Heiligen weisen über sich hinaus auf Gott. Seine Gnade hat sich in ihnen mächtig erwiesen. Rechte Verehrung der Heiligen zielt deshalb letztlich auf Jesus Christus und durch ihn auf Gott. Wir wollen in diesem Gottesdienst in den Lobgesang aller Heiligen einstimmen und Gott preisen als den König aller Heiligen.

Ansprache anläßlich der Beisetzung der Gebeine von Schwester Maria Euthymia am 17. Juni 1985 auf dem Zentralfriedhof in Münster

Als Schwester Euthymia vor fast 30 Jahren nach ihrem frühen Tod hier an dieser Stelle zu Grabe getragen wurde, ahnten vielleicht nur wenige, daß sie am Grabe einer Frau standen, deren Leben bei aller Schlichtheit und Alltäglichkeit von einer herausragenden menschlichen und christlichen Größe geprägt war.

Wir kennen bei den »Düsteren Metten« in der Karwoche im Dom einen ausdrucksstarken Ritus. Nach den verschiedenen Gebeten und Gesängen wird jeweils das Licht einer der Kerze auf dem fünfzehnarmigen Leuchter gelöscht. Ein Licht bleibt und leuchtet in die dunkler werdende Kirche hinein. So ist auch das Licht Schwester Euthymias mit ihrem Tod nicht erloschen. Im Gegenteil: Es leuchtet von Jahr zu Jahr heller. Zeichen dafür sind die vielen Lichter, die ständig hier an ihrem Grabe brennen. Zeichen dafür sind die zahlreichen Briefe aus aller Welt, die das Mutterhaus erreichen und die von der Verehrung für Schwester Euthymia zeugen. Zeichen dafür sind die vielen Menschen, die täglich ihr Grab besuchen und die auch in den vergangenen Wochen an ihrem Sarg im Mutterhaus gestanden haben. Das Licht Schwester Euthymias leuchtet hell in unsere Welt hinein.

Die Erhebung der Gebeine von Schwester Euthymia und diese erneute Beisetzung erfolgen im Rahmen des Seligsprechungsverfahrens. Durch die Seligsprechung soll uns die Gestalt von Schwester Euthymia als Bild und Vorbild christlichen Lebens vor Augen gestellt werden. Auf vier Merkmale ihres Lebens möchte ich hinweisen, durch die sie uns Anregung und Vorbild sein kann.

1. Der Prophet Ezechiel verkündet dem Volk in der Dunkelheit der Verbannung Befreiung und neues Leben. Gott, der Herr, spricht zu seinem Volk: »Ich schenke

euch ein neues Herz und lege einen neuen Geist in euch. Ich nehme das Herz von Stein aus eurer Brust und gebe euch ein Herz von Fleisch« (Ez 36, 26).

Wenn wir nach dem Geheimnis fragen, das das Leben von Schwester Euthymia so hell und leuchtend macht, müssen wir sagen: Sie hat sich geöffnet für Gottes Geist. Wer sich vom Geist Gottes leiten läßt, ist Kind Gottes und kann im Heiligen Geist Gott Vater nennen. In diesem frohen gläubigen Bewußtsein lebte Schwester Euthymia. Sie wußte sich von Gott gewollt, bejaht, geliebt und angenommen.

Diesen Glauben und dieses Bewußtsein dürfen auch wir haben. Das kann eine große Bedeutung haben für unser Leben. Wenn Gott ja zu uns sagt, dürfen auch wir ja zu uns sagen. Wir dürfen Vertrauen haben und uns etwas zutrauen. Der Glaube, daß Gott uns will und ja zu uns sagt, läßt uns zu bejahenden Menschen werden, zu Menschen, die ja sagen zum Mitmenschen, zum Leben und zur Welt.

2. Schwester Euthymia hat zeit ihres Lebens keine Schlagzeilen gemacht. Sie hat nach außen hin keine großen sichtbaren Taten vollbracht. Sie lebte ein Leben des Alltags. Im Alltag diente sie Gott und den Menschen.

   In ihrer Treue im Alltag kann sie auch uns Vorbild sein. Denn auch unser Leben wird wesentlich bestimmt vom Alltag und vom Alltäglichen. Neben einigen Sternstunden steht die lange Reihe der Alltage. Im Alltag muß sich unser christliches Leben bewähren. Der Alltag ist der Ort, an dem unser Glaube seine tätige Kraft erweist, unsere Hoffnung ihre Standhaftigkeit und unsere Liebe ihren opferbereiten Einsatz. Von Schwester Euthymia können wir lernen, im Alltag als Christen zu leben.

3. Beim Propheten Ezechiel heißt es: »Ich schenke euch ein neues Herz. Ich nehme das Herz von Stein aus eurer Brust und gebe euch ein Herz von Fleisch.«

   Schwester Euthymia war eine Frau mit Herz. Sie begegnete den Menschen mit einer schlichten Herzlichkeit und Güte. Das war es, was um sie herum ein Klima der Menschlichkeit verbreitete. Eine heilende Atmosphäre, in der Menschen nicht krank, sondern heil werden können.

   Menschlichkeit, Herzlichkeit, Güte: Davon lebt unsere Welt, auch und besonders im Zeitalter der Technik und der Maschinen. Alle Menschen warten darauf, daß jemand gut zu ihnen ist, sie ermutigt, sie tröstet und ihnen hilft. Wo die Güte des Herzens das Leben prägt, ist Platz auch für den Schwachen, Verletzten und Verwundeten. Die Erfahrung von Herzlichkeit und Güte weckt im Menschen die Hoffnung, im Grunde des Lebens einer letzten Güte zu begegnen.

4. Eine besondere Zeit im Leben von Schwester Euthymia war ihre Zeit im Krankenhaus in Dinslaken, die Zeit des Krieges. In ihrer Sorge um die kranken Kriegsgefangenen schuf sie mitten im Krieg eine Atmosphäre des Friedens. Ihre Liebe überwand die Grenzen von Volkszugehörigkeit und Sprache Sie sah in allen, ob sie Franzosen, Engländer, Russen, Polen oder Deutsche waren, vor allem den Menschen.

   Wir sorgen uns heute um den Frieden. Wir fragen: Was können wir tun für den Frieden? Schwester Euthymia würde auf eine solche Frage keine großen politischen Konzepte entwickeln; das war nicht ihr Bereich. Sie würde uns sagen: Seht in jedem Menschen das Antlitz des Bruders und der Schwester, des Menschen, der mit euch vor Gott steht und mit dem gemeinsam ihr sprechen könnt: Vater unser.

Schwester Euthymia war offen für Gottes Geist. Der Apostel Paulus schreibt an die Christen in Rom: »Wenn der Geist dessen in euch wohnt, der Jesus von den Toten auferweckt hat, dann wird er, der Christus Jesus von den Toten auferweckt hat, euch euren sterblichen Leib lebendig machen, durch den Geist, der in euch wohnt« (Röm 8,11).

In dieser Hoffnung senken wir die Gebeine von Schwester Euthymia heute erneut in dieses Grab. Wir glauben an die Gemeinschaft der Heiligen. Wir glauben, daß unsere Toten bei Gott leben.

Als Schwester Euthymia vor dreißig Jahren in der Totenkapelle des Mutterhauses aufgebahrt war, beteten zwei Schwestern an ihrem Sarg. Eine davon war Schwester Aweline, die Schwester, deren Hand in der Bügelmaschine verbrannt war. Sie wollte für ihre verstorbene Mitschwester beten. Die andere Schwester sagte zu ihr: »Du betest wohl für Schwester Euthymia. Ich bete zu ihr; denn sie war eine Heilige.« Verbunden mit Schwester Euthymia in der Gemeinschaft der Glaubenden dürfen auch wir ihre Fürsprache anrufen, daß auch wir unser ewiges Ziel bei Gott erreichen.

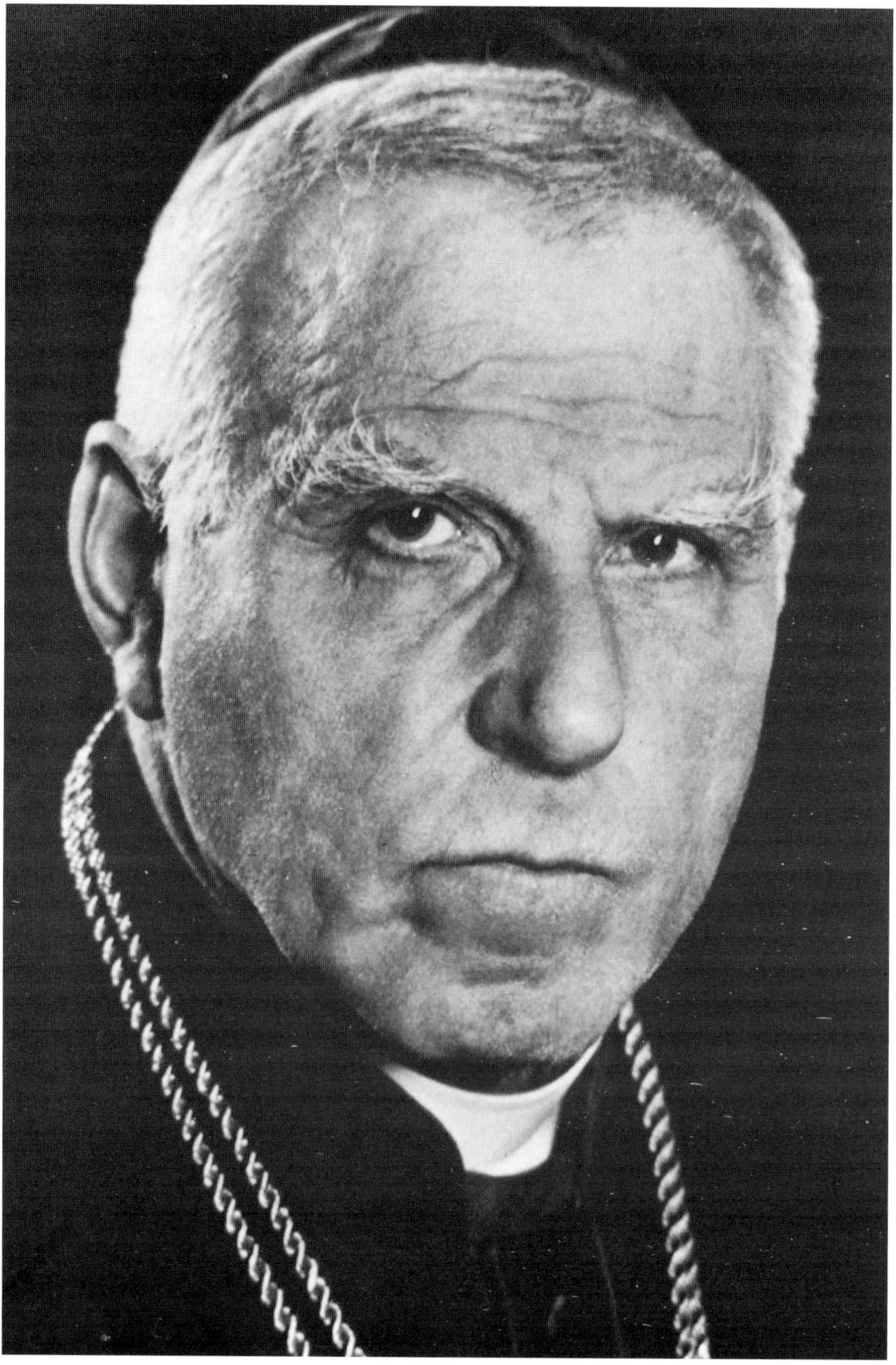

Clemens August Graf von Galen

I

Clemens August Graf von Galen wurden am 16. März 1878 auf der Burg Dinklage in Oldenburg geboren. Als 11. von 13 Kindern wuchs er in der Geborgenheit einer gläubigen Familie auf. Er besuchte das Jesuitengymnasium in Feldkirch und machte 1896 das Abitur in Vechta.

Nach einer kurzen Zeit des Philosophiestudiums in Freiburg (Schweiz) entschloß er sich, Priester zu werden. Er studierte in Innsbruck und Münster Theologie und wurde am 28. Mai 1904 in Münster zum Priester geweiht.

Nach der Priesterweihe wurde er zunächst Domvikar am Dom in Münster. Zugleich bekam er den Auftrag, seinen Onkel, Weihbischof Maximilian Gereon Graf von Galen, auf den Firmungsreisen zu begleiten.

1906 wurde er zum Kaplan an St. Matthias in Berlin ernannt. Damit begann eine 23jährige priesterliche Tätigkeit in der damaligen Reichshauptstadt. Nach einigen Jahren seelsorglicher Tätigkeit als Kuratus an St. Clemens wurde er 1919 Pfarrer von St. Matthias. Er erlebte in Berlin die schwere Zeit des ersten Weltkrieges, die Wirren der Nachkriegszeit und einen großen Teil der Weimarer Zeit. Die Diasporasituation in der Großstadt Berlin stellte ihn vor große pastorale Anforderungen.

1929 wurde Clemens August Graf von Galen ins Bistum Münster zurückgerufen und zum Pfarrer der Stadt- und Marktkirche St. Lamberti in Münster ernannt.

Nach dem Tod des Bischofs Johannes Poggenburg wurde Clemens August Graf von Galen zum Bischof von Münster ernannt. Am 28. Oktober 1933 empfing er die Bischofsweihe. Er wählte als Wahlspruch das Wort »Nec laudibus nec timore« – »Weder durch Lob noch durch Furcht«.

Bischof Clemens August begann sein bischöfliches Wirken mit der Eröffnung der »Ewigen Anbetung« in der St.-Servatii-Kirche in Münster. Dies ist bezeichnend für seine tiefe persönliche Frömmigkeit. Sie zeigte sich auch in einer lebendigen Marienverehrung. Gern und häufig pilgerte er allein in der Morgenfrühe nach Telgte, um am Gnadenbild der Schmerzhaften Mutter die heilige Messe zu feiern.

Schon in seinem ersten Fastenhirtenbrief 1934 entlarvte Bischof Clemens August die neuheidnische Ideologie des Nationalsozialismus. Immer wieder trat er in den folgenden Jahren für die Freiheit der Kirche und der kirchlichen Verbände und für den Erhalt des Religionsunterrichts ein, sowohl in Eingaben an die zuständigen staatlichen Stellen als auch in öffentlichen Ansprachen und Predigten. Er wußte sich dabei von den Priestern und Laien im Bistum Münster getragen. Vor allem seine zahlreichen Firmungsreisen durch die Dekanate des Bistums wurden trotz aller Schikanen der nationalsozialistischen Partei und der Geheimen Staatspolizei zu unübersehbaren Kundgebungen des Glaubens und der Solidarität.

Als Alfred Rosenberg in seinem »Mythos des 20. Jahrhunderts« die Kirche und den christlichen Glauben angriff, übernahm Bischof Clemens August die Verantwortung für eine von katholischen Wissenschaftlern verfaßte Gegenschrift, die »Studien zum Mythos«, und ließ sie als Beilage zum Amtsblatt des Bistums Münster veröffentlichen.

In einer großen Predigt im Dom zu Xanten klagte Bischof Clemens August im Frühjahr 1936 das nationalsozialistische Regime an, Christen wegen ihres Glaubens zu diskriminieren, ins Gefängnis zu werfen und sogar zu töten. Er sagte: »Es gibt in deutschen Landen frische Gräber, in denen die Asche solcher ruht, die das deutsche Volk für Märtyrer hält.« Diese Predigt fand bis über die Grenzen Deutschlands hinaus Widerhall. Schon damals rechnete Bischof Clemens August mit der Möglichkeit, daß auch er der Freiheit beraubt und an der Ausübung des bischöflichen Amtes gehindert werden könnte.

Bischof Clemens August gehörte zu den Bischöfen, die Papst Pius XI. im Januar 1937 nach Rom einlud, um mit ihnen über die Situation in Deutschland zu sprechen und das Weltrundschreiben »Mit brennender Sorge« vorzubereiten, in dem er das nationalsozialistische Regime vor der Weltöffentlichkeit anklagte.

Gemeinsam mit den übrigen Bischöfen trat Bischof Clemens August in verschiedenen Hirtenbriefen der Rassenideologie des Nationalsozialismus entgegen. Er gehörte zu den Bischöfen in der Fuldaer Bischofskonferenz, die ein energisches Auftreten gegen den Nationalsozialismus, vor allem auch in der Öffentlichkeit, forderten.

1941, als das »Dritte Reich« auf dem Höhepunkt seiner Macht stand, begannen die staatlichen Stellen, Klöster zu beschlagnahmen und Ordensleute zu vertreiben. Gleichzeitig wurde bekannt, daß größere Aktionen zur Tötung geistig behinderter Menschen durchgeführt wurden. In drei großen Predigten am 13. und 20. Juli sowie am 3. August prangerte der Bischof in aller Öffentlichkeit diese Unrechtsmaßnahmen an.

In seiner Predigt in der St.-Lamberti-Kirche in Münster am 13. Juli 1941 sagte er: »Keiner von uns ist sicher, und mag er sich bewußt sein, der treueste, gewissenhafteste Staatsbürger zu sein, mag er sich völliger Schuldlosigkeit bewußt sein, daß er nicht eines Tages aus seiner Wohnung geholt, seiner Freiheit beraubt, in den Kellern und Konzentrationslagern der GSTP (der Geheimen Staatspolizei) eingesperrt wird.« Er weist mit allem Nachdruck darauf hin: »Die Gerechtigkeit ist das einzig tragfeste Fundament aller Staatswesen. Das Recht auf Leben, auf Unverletzlichkeit, auf Freiheit ist ein unentbehrlicher Teil jeder sittlichen Gemeinschaftsordnung . . . Wir fordern Gerechtigkeit! Bleibt dieser Ruf ungehört und unerhört, wird die Herrschaft der Königin Gerechtigkeit nicht wiederhergestellt, so wird unser deutsches Volk und Vaterland trotz des Heldentums unserer Soldaten und ihrer ruhmreichen Siege an innerer Fäulnis und Verrottung zugrunde gehen.«

In einer Predigt in der Überwasserkirche in Münster am 20. Juli 1941 wandte er sich erneut gegen die ungerechten Übergriffe des Staates: »Hart werden, fest bleiben! Wir sehen und erfahren es deutlich, was hinter den neuen Lehren steht, die man uns seit Jahren aufdrängt, denen zuliebe man die Religion aus den Schulen verbannt hat, unsere Vereine unterdrückt hat, jetzt katholische Kindergärten zerstören will: abgrundtiefer Haß gegen das Christentum, das man zerstören will! . . . Hart werden, fest bleiben! Wir sind in diesem Augenblick nicht Hammer, sondern Amboß ... Fragt den Schmiedemeister, und laßt es Euch von ihm sagen: Was auf dem Amboß geschmiedet wird, erhält seine Form nicht nur von dem Hammer, sondern auch vom Amboß. Der Amboß kann nicht und braucht auch nicht zurückzuschlagen. Er muß nur fest, nur hart sein. Wenn er hinreichend zäh, fest, hart ist, dann hält meistens der Amboß länger als der Hammer. Wie hart der Hammer auch zuschlägt, der Amboß steht in ruhiger Festigkeit da und wird noch lange dazu dienen, das zu formen, was neu geschmiedet wird.«

Am 3. August 1941 klagt Bischof Clemens August in der Lambertikirche das nationalsozialistische Regime des Mordes an geistig kranken Menschen an. Er weist darauf hin, daß seine schriftlichen Einsprüche und Proteste nichts genutzt haben. »So müssen wir damit rechnen, daß die armen, wehrlosen Kranken über kurz oder lang umgebracht werden. Warum? ... Weil sie nach dem Urteil eines Amtes, nach dem Gutachten irgendeiner Kommission ›lebensunwert‹ geworden sind, weil sie nach diesem Gutachten zu ›unproduktiven Volksgenossen‹ gehören! Man urteilt: Sie können nicht mehr produzieren, sie sind wie eine alte Maschine, die nicht mehr läuft, sie sind wie ein altes Pferd, das unheilbar lahm geworden ist. Sie sind wie eine Kuh, die nicht mehr Milch gibt. Was tut man mit solch alter Maschine? Sie wird verschrottet. Was tut man mit einem lahmen Pferd, mit solch einem unproduktiven Stück Vieh? Nein, ich will den Vergleich nicht zu Ende führen, so furchtbar seine Berechtigung ist und seine Leuchtkraft. ... Wenn einmal zugegeben wird, daß Menschen das Recht haben, ›unproduktive‹ Mitmenschen zu töten – und wenn es jetzt auch nur arme, wehrlose Geisteskranke trifft –, dann ist grundsätzlich der Mord an allen unproduktiven Menschen, also den unheilbar Kranken, den Invaliden der Arbeit und des Krieges, dann ist der Mord an uns allen, wenn wir alt und altersschwach und damit unproduktiv werden, freigegeben.«

Diese Predigten des Bischofs erregten weithin Aufsehen. Sie wurden geheim vervielfältigt und weitergegeben bis über die Grenzen Deutschlands hinaus. Der Bischof rechnete damit, daß die Gestapo ihn nach diesen Predigten verhaften würde. Der damalige Reichsleiter Bormann schlug Hitler vor, den Bischof von Münster zu verhaften und zu erhängen. Die nationalsozialistische Führung fürchtete jedoch, daß in einem solchen Fall die Bevölkerung des Bistums Münster für die Dauer des Krieges abzuschreiben sei. Es bedrückte den Bischof, daß an seiner Statt 24 Weltpriester und 13 Ordensgeistliche aus der Diözese Münster ins Konzentrationslager gebracht wurden und 10 von ihnen ums Leben gekommen sind.

Der Krieg zerstörte den Dom und die Wohnung des Bischofs. In den letzten Monaten des zuende gehenden Krieges, als die Stadt Münster fast ganz zerstört war, fand er Aufnahme im St.-Josefs-Stift in Sendenhorst.

In den schweren Monaten der Nachkriegszeit war Bischof Clemens August eine Persönlichkeit, an der viele sich aufrichteten. Mit Freimut trat er auch den Besatzungsbehörden entgegen, wenn es galt, Not und Unrecht zu beseitigen oder zu verhindern. Entschieden widersprach er der damals umgehenden Meinung von der Kollektivschuld der Deutschen.

Papst Pius XII. berief Bischof Clemens August am 18. Februar 1946 in das Kardinalskollegium. Es war eine Ehrung für seine unerschrockene Haltung in der Zeit des Nationalsozialismus. Der überfüllte Petersdom jubelte ihm, dem »Löwen von Münster«, zu, als er aus der Hand des Papstes die Kardinalswürde entgegennahm.

Am 16. März wurde Kardinal von Galen bei seiner Rückkehr nach Münster von einer großen Volksmenge begeistert empfangen. Vor den Trümmern des Domes hielt er seine letzte Ansprache. Am Tag darauf erkrankte er schwer. Eine Operation konnte keine Hilfe mehr bringen. Er starb am 22. März 1946 und fand sein Grab in der Ludgeruskapelle des zerstörten Domes.

Zu seinem Tod schrieb der Vorsitzende des Landesverbandes der jüdischen Gemeinden an den Kapitularvikar in Münster: »Kardinal von Galen war einer der wenigen pflichtbewußten Männer, der den Kampf gegen den Rassenwahn in schwerster Zeit geführt hat. Wir werden dem Toten ein ehrendes Gedenken bewahren.«

Am 22. Oktober 1956 hat Bischof Dr. Michael Keller auf Bitten der Priestergemeinschaft »Confraternitas Sacerdotum bonae voluntatis« den Seligsprechungsprozeß für seinen Vorgänger eingeleitet. Anläßlich seiner zweiten Deutschlandreise besuchte Papst Johannes Paul II. am 1. Mai 1987 den Dom zu Münster, um die Persönlichkeit des Kardinals zu ehren und an seinem Grab zu beten.

II

Artikel in den »Westfälischen Nachrichten« zur 100. Wiederkehr des Geburtstages von Bischof Clemens August (1978)

Wir gedenken in diesem Jahr der hundertsten Wiederkehr des Geburtstages unseres Bischofs Clemens August Kardinal von Galen. Am 16. März 1878 wurde er auf der Burg Dinklage in Oldenburg geboren.

In seiner letzten großen Ansprache am 16. März 1946 gab Bischof Clemens August selbst eine Deutung seines Lebens und Wirkens. Nach der Rückkehr aus Rom, wo Papst Pius XII. ihn zum Kardinal erhoben hatte, bereiteten ihm die Bevölkerung der zerstörten Bischofsstadt und die Gläubigen des Bistums einen triumphalen Empfang. Aufgrund eines einstimmigen Beschlusses verlieh ihm der Rat der Stadt Münster das Ehrenbürgerrecht. Vor den Trümmern des zerstörten Domes dankte der neue Kardinal den Gläubigen: Ihre Treue und Standhaftigkeit seien es gewesen, die die Machthaber daran gehindert hätten, Hand an ihn zu legen. »Eure Liebe und Eure Treue, meine lieben Diözesanen, haben auch das von mir ferngehalten, was vielleicht mein Verhängnis, aber vielleicht auch mein schönster Lohn gewesen wäre, daß ich die Märtyrerkrone (hier brach dem Kardinal die Stimme) empfangen hätte.« Die innere Bewegung, die den Kardinal bei diesen Worten ergriff, zeigt, daß er uns damit einen Einblick in sein Herz gibt. In der Rückschau deutet er selbst sein Leben und Wirken:

Er wollte nichts anderes sein als ein treuer Zeuge Jesu Christi, der die Wahrheit des Evangeliums freimütig verkündet und der bereit ist, den letzten Ernst dieses Zeugnisses durch das Erleiden des Todes unter Beweis zu stellen.

Bischof Clemens August hat uns ein Zeugnis christlichen Freimutes vorgelebt. In der Apostelgeschichte lesen wir, wie die Christen in Jerusalem um die Kraft beten, mit allem Freimut das Wort Gottes zu verkünden (Apg 4,29). Der Begriff Freimut, im griechischen Text Parrhesia, stammt ursprünglich aus dem politischen Bereich. Es ist die Freiheit zur Rede, die Freiheit, alles sagen zu können. Diese Freiheit ist häufig mit Mut verbunden, zunächst mit dem Mut vor sich selbst gegenüber der Tendenz, der Wirklichkeit auszuweichen und sich etwas vorzumachen, dann aber auch mit dem Mut vor anderen, die das Aufdecken der Wahrheit im freien Wort nicht lieben und es mit allen Kräften verhindern wollen. Im griechischen Umkreis ist dabei nicht zuletzt auch an den Mut gegenüber dem Tyrannen gedacht, sowohl gegenüber dem Tyrannen in der Gestalt einer Einzelpersönlichkeit wie auch gegenüber dem Tyrannen in der Gestalt einer Partei oder der Masse.

Der christliche Freimut kennt eine doppelte Richtung: Freimut vor Gott und Freimut vor den Menschen. Jesus Christus hat uns durch seinen Tod und seine Auferstehung den freien Zugang zu Gott eröffnet. Wir dürfen uns in Freiheit Gott nahen. Christlicher Freimut vor Gott wächst aus der frohen Zuversicht gläubiger Gewißheit. Diese Zuversicht vor Gott ist das Fundament christlichen Freimutes vor den Menschen.

Bischof Clemens August ist ein Vorbild christlichen Freimutes in beiderlei Sinn. Sein gläubiges Stehen vor Gott war das Fundament seines furchtlosen Zeugnisses vor den Menschen. Der unbeugsame Widerstand des Kardinals gegenüber dem Unrecht und der Unmenschlichkeit der nationalsozialistischen Machthaber bezog seine Kraft aus seiner tiefen Gläubigkeit. Clemens August war ein tieffrommer Mann. Seine persönlichen Briefe geben davon ein eindrucksvolles Zeugnis. Bezeichnend für ihn ist, daß er in einer der ersten seiner Amtshandlungen als Bischof die ewige Anbetung in der Servatiikirche in Münster begründete. Häufig ging er allein in der Morgenfrühe den Pilgerweg nach Telgte, um die Hilfe und den Schutz der Gottesmutter für das Bistum und für sein bischöfliches Wirken zu erbitten. Wir wissen, daß er durch den häufigen Empfang des Bußsakramentes sein Gewissen immer neu auf Gott ausrichtete. Diese echte Frömmigkeit war die Kraftquelle seines freimütigen Auftretens vor den Menschen.

Clemens August war kein »politischer Bischof« im vordergründigen Sinn des Wortes. Aber er wußte, daß die Verkündigung des Evangeliums und der Gebote Gottes, die ihm als Bischof aufgegeben war, unausweichlich politische Bedeutung hatte. Schon in den ersten Jahren seines bischöflichen Wirkens sah er deutlich, daß das freimütige Eintreten für den christlichen Glauben und für die Menschenrechte auf Widerstand stieß. Anläßlich einer Kundgebung nach der Großen Prozession im Sommer 1935 ging er auf Vorwürfe und Drohungen des Gauparteitages ein, der zwei Tage vorher in Münster stattgefunden hatte. »Ich weiß nicht«, so sagte der Bischof vor zehntausend Gläubigen, die ihn vom Dom nach Hause begleiteten, »ob ein Bischof in

Münster durch Drohungen sich hat abschrecken lassen, das zu tun und zu sagen, was er in Ausübung seines heiligen Amtes glaubte tun und sagen zu müssen. Aber ich weiß, daß es ein Münsterer Bischof war – er hat später in diesem Hause gewohnt –, der zur Zeit der französischen Fremdherrschaft auf dem sogenannten Nationalkonzil in Paris gewagt hat, sich offenen Forderungen zu widersetzen, die der gewalttätige Korse Napoleon I. gegen das göttliche Recht und die Freiheit der Kirche durchsetzen wollte. Ich weiß, daß in diesem Hause vor sechzig Jahren ein Bischof von Münster verhaftet und von hier aus in Gefangenschaft geführt worden ist, weil er getreu seiner Pflicht und den Geboten seines Gewissens für göttliches Recht und für die Freiheit der Kirche eingetreten ist. Ich weiß nicht, ob mir Ähnliches bevorsteht; ob ich auch einmal gewürdigt werde, für den Namen Jesu Schmach zu leiden, nicht durch Mißkennung und Vorwürfe, sondern auch durch Beraubung der Freiheit, durch Mißhandlung und Leiden. Sollte Gottes Vorsehung mich solcher Nachfolge der Apostel würdigen, so hoffe ich, daß Gottes Gnade mir den Willen erhält, lieber alles zu ertragen, als vom Wege der Pflicht abzuweichen, daß Gottes Beistand in schweren Stunden mir Licht und Stärke gibt, es den früheren Bischöfen von Münster in Opfermut und Standhaftigkeit gleichzutun. Ich vertraue in dieser Hinsicht auf Gottes Hilfe, ich vertraue auf Eure Liebe und auf Euer Gebet und auf Eure Treue.«

Wie ernst der Bischof die Situation, auch im Hinblick auf seine eigene Person, sah, zeigt die schriftliche Anweisung, die er einige Monate später dem Generalvikar in Münster und dem Offizial in Oldenburg für den Fall seiner Verhaftung und Amtsbehinderung gab.

Kardinal von Galen kann uns auch heute ein Vorbild christlichen Freimutes sein. Zu seiner Zeit war der Freimut gegenüber dem Tyrannen in der Form eines Diktators und einer Partei gefordert. Vielleicht ist von uns eher der Freimut gegenüber der »Diktatur des ›man‹«, der Mode oder der veröffentlichten Meinung gefordert. Das Leben des Kardinals zeigt uns aber auch, aus welchen Quellen christlicher Freimut seine Kraft schöpft: aus dem persönlichen Glauben und aus echter Frömmigkeit.

Ansprache im Gottesdienst des Domkapitels und des Großen Kaland am 17. März 1978 in Telgte zum Gedenken an Kardinal von Galen

Wir gedenken heute unseres verstorbenen Bischofs Clemens August Kardinal von Galen am Wallfahrtsort Telgte, den er so sehr geliebt hat. Oft und gern ist er als Bischof schon in den frühen Morgenstunden ganz allein den Pilgerweg von Münster nach Telgte gegangen, um alle Anliegen des Bistums der Gottesmutter zu empfehlen.

Professor Eising, der längere Jahre hindurch sein Kaplan und Sekretär war, berichtete mir noch vor einiger Zeit, daß er manches Mal morgens in der Sakristei in der Kapelle des Bischofshauses auf dem Platz, an dem die Gewänder für den Bischof lagen, ein Zettelchen gefunden habe, auf das der Bischof mit eigener Hand geschrieben hatte: Ich bin heute morgen nicht zur Messe da. Ich bin schon früh nach Telgte gegangen. Ich werde zum Kaffee zurück sein.

Zum letzten Mal betete Bischof Clemens August am 16. März 1946, gestern vor 32 Jahren, hier am Gnadenbild in Telgte, nach der Rückkehr von Rom, wo er von Papst Pius XII. zum Kardinal erhoben worden war. Von hier fuhr er nach Münster, wo ihm in der zerstörten Bischofsstadt ein herzlicher Empfang bereitet wurde.

In der Offenbarung des Johannes, dem letzten Buch der Heiligen Schrift, das sich als Trostbuch für die Christen in der Verfolgung versteht, wird die Bedeutung des christlichen Zeugnisses hervorgehoben. Clemens August war Bischof in einer apokalyptischen Zeit. Man könnte die damalige Situation treffend mit den Bildern der Offenbarung beschreiben. Ein Tier tritt auf, dem der Drache, das Sinnbild der widergöttlichen Macht, seine ganze Macht gegeben hat. Es läßt sich von den Menschen verehren und anbeten. Ein zweites Tier tritt auf, dem ein großes Maul gegeben ist. Durch seine Reden führt es dem ersten Tier Menschen zu. Es zwingt alle, das Zeichen des Tieres zu tragen. Nur die sollen kaufen und verkaufen können, die dieses Zeichen tragen. Es wäre leicht, diese Bilder der Offenbarung auf die Zeit des Nationalsozialismus auszudeuten.

In der Offenbarung des Johannes heißt es von den Christen in der Verfolgung: »Hier muß sich die Standfestigkeit der Heiligen bewähren, die an den Geboten Gottes und an der Treue zu Jesus festhalten« (Off 14,12). Dieses Wort zeigt, aus welchen Quellen die Kraft zum Standhalten kommt und aus welchen Quellen auch Bischof Clemens August die Kraft zum Standhalten schöpfte: aus dem Festhalten an den Geboten Gottes und aus dem Festhalten an der Treue zu Jesus.

Festhalten an der Treue zu Jesus: Nach der Großen Prozession im Jahre 1936 hatte die Polizei einen großen Teil des Domplatzes und den Weg vom Dom zum Bischofshaus mit Seilen abgesperrt, um die Gläubigen daran zu hindern, den Bischof nach Hause zu begleiten. Clemens August griff dies in seiner Ansprache auf und sagte: »Wenn jemand glaubt, uns durch Stricke und Polizeimaßnahmen trennen zu können, der ist im Irrtum. Uns verbindet ein von Gott geknüpftes Band, die Treue zu unserem Herrn und Heiland, die wir heute gemeinsam öffentlich bekannt haben, die Treue, deren Sinnbild ich am Tage meiner Bischofsweihe in dem Bischofsring erhalten habe, den ich seitdem an meiner Hand trage. Unsere Verbindung kann niemand stören und zerreißen, solange wir gemeinsam in der Nachfolge Christi durchs Leben gehen, solange wir dem die Treue halten, den wir, wie unsere Vorfahren seit 1000 Jahren, als unseren Herrn und Heiland lieben und ehren.«

Solche Worte kamen Bischof Clemens August aus dem Herzen. Er hatte ein tiefes persönliches Verhältnis zu Jesus Christus. Diese innige, persönliche, herzliche Liebe zu Jesus ist die Kraftquelle, aus der er lebte und wirkte.

»Hier muß sich die Standfestigkeit der Heiligen bewähren, die an den Geboten Gottes und an der Treue zu Jesus festhalten.« Festhalten an den Geboten Gottes: In seiner großen Predigt über das Recht der Menschen auf Leben in der Lambertikirche in Münster im Sommer 1941 weist Clemens August auf die 10 Gebote hin. Mit größter Eindringlichkeit mahnte er: »Es ist noch Zeit, aber es ist die höchste Zeit. Daß wir es erkennen, noch heute, an diesem Tage, was uns zum Frieden dient. Was allein uns retten, vor dem göttlichen Strafgericht bewahren kann: daß wir rückhaltlos und ohne Abstrich die von Gott geoffenbarte Wahrheit annehmen und durch unser Leben bekennen. Daß wir die göttlichen Gebote zur Richtschnur unseres Lebens nehmen und ernst machen mit dem Wort: Lieber sterben als sündigen!«

Die 10 Gebote, die dem Herzen des Menschen eingeschrieben sind und die der Natur des Menschen entsprechen, sind die Grundlage eines freien und gerechten Zusammenlebens. Sie sind Bestandteil des Bundes, den Gott am Berge Sinai mit seinem Volke schließt. Sie stehen unter dem übergreifenden Wort: »Ich bin der Herr, dein Gott, der dich aus dem Sklavenhaus Ägypten herausgeführt hat.« Die Gebote Gottes sind nicht Einengung und Last. Sie weisen dem Menschen den Weg in die Freiheit des Bundes mit Gott. Auch das Festhalten an den Geboten ist ein Ausdruck der Liebe. »Wenn ihr mich liebt, werdet ihr meine Gebote halten«, sagt Jesus im Johannesevangelium (Joh 14,15). »Wer meine Gebote hat und sie hält, der ist es, der mich liebt« (Joh 14,21). Die 10 Gebote waren das unerschütterliche Fundament, auf dem Bischof Clemens August in seinem standhaften Kampf gegen Unrecht und Gewalt fußen konnte.

»Hier muß sich die Standhaftigkeit der Heiligen bewähren, die an den Geboten Gottes und an der Treue zu Jesus festhalten.« Unsere Situation ist in vielem anders als die, in die Kardinal von Galen gestellt war. Aber auch für unsere Zeit trifft das Wort der Offenbarung zu. Auch von uns ist Standhaftigkeit erfordert, Standhaftigkeit nicht gegenüber der Diktatur eines Tyrannen oder einer Partei, sondern Standhaftigkeit gegenüber der Diktatur des »man«, der Mode und der öffentlichen Meinung. Angesichts dieser Kräfte ist unser Glaube leicht in der Gefahr, allmählig ausgehöhlt und ausgelaugt zu werden. Unter dem Druck der Mode und der öffentlichen Meinung werden viele Gewissen gleichgeschaltet. In dieser Situation kommt es darauf an, daß wir standhaft festhalten an den Geboten Gottes und an der Treue zu Jesus. Das ist das Vermächtnis unseres Kardinals an uns.

»Hier muß sich die Standhaftigkeit der Heiligen bewähren.« Wir wissen, daß mit dem Begriff »die Heiligen« nach dem Sprachgebrauch des Neuen Testaments die Christen schlechthin gemeint sind, weil alle Gottes Heiligen Geist empfangen haben. Clemens August hat uns ein Zeugnis christlicher Standhaftigkeit vorgelebt. Wir wollen hoffen, daß dieses Zeugnis bald auch von der Kirche offiziell Anerkennung findet, indem sie Bischof Clemens August in den Kalender der Heiligen aufnimmt.

Predigt im Dom zu Xanten am 16. Februar 1986

Dieser altehrwürdige Dom ist errichtet über den Gräbern von Märtyrern, von Glaubenszeugen aus alter christlicher Zeit. Die Ausgrabungen von Herrn Prof. Bader und die Erforschung des Doppelgrabes in den 30er Jahren haben die alte Tradition eindrucksvoll bestätigt. Am 9. Februar 1936 hat mein Vorgänger im Bischofsamt, Bischof Clemens August Kardinal von Galen, den über den Gräbern der Märtyrer errichteten Altar in der Krypta geweiht.

Die Predigt, die der Bischof zu diesem Anlaß hielt, erregte weithin Aufsehen. Ausgehend von den Märtyrern der alten christlichen Zeit, wies er darauf hin, daß die Kirche aller Zeiten Kirche der Zeugen, Kirche der Märtyrer ist. Mit großem Freimut sprach der Bischof in die damalige konkrete Situation hinein: Viele Katholiken, Priester und Laien, werden in Zeitungen und Versammlungen von seiten des Nationalsozialismus, der sich des Staates bemächtigt hatte, angegriffen und beschimpft. Sie werden aus Beruf und Stellung vertrieben und ohne Gerichtsurteil gefangengesetzt und mißhandelt. Domkapitular Dr. Banasch, der Leiter der Bischöflichen Informationsstelle in Berlin, den Bischof Clemens August aus seiner Berliner Zeit persönlich kannte, ist seit Monaten in Haft. Prälat Wolker, der Führer der katholischen Jugend, ist vor wenigen Tagen verhaftet worden und mit ihm weitere Priester und Laien aus der Jugendarbeit. Schwerster Gewissensdruck lastet auf Beamten und Angestellten, auf Eltern und Lehrern, die vor die Frage gestellt werden, zu wählen zwischen der Treue gegen Gott und ihrem christlichen Gewissen und dem Wohlgefallen und der Gunst derer, von denen ihre Stellung und gar ihr Lebensunterhalt abhängt.

Der Bischof spielte auch auf die erste große Mordwelle des Hitler-Regimes im Sommer 1934 an, der u. a. der Vorsitzende der Katholischen Aktion im Bistum Berlin, Dr. Erich Klausener, zum Opfer gefallen war. Wörtlich sagte der Bischof: »Es gibt in deutschen Landen frische Gräber, in denen die Asche solcher ruht, die das katholische Volk für Märtyrer des Glaubens hält.«

Der Eindruck dieser Predigt war nachhaltig. Ein ins Ausland emigrierter katholischer Publizist, Waldemar Gurian, schrieb, daß diese Worte »Millionen zum Schweigen verurteilter Katholiken aus dem Herzen« gesprochen waren. Auf seiten des Nationalsozialismus rief diese Predigt heftige Reaktionen gegen den Bischof hervor.

Bischof Clemens August wußte, wie ernst die Stunde war, auch für ihn. Noch im gleichen Monat, am 22. Februar 1936, traf er eine Anordnung für den Fall, daß er durch Gewalt an der freien Ausübung seines bischöflichen Amtes gehindert werden sollte. »Nachdem in den letzten Monaten nicht wenige Priester unter den verschiedensten Vorwänden und Anschuldigungen gewaltsam an der Ausübung ihres heiligen Amtes gehindert, aus dem ihnen von der Kirche angewiesenen Wirkungskreis vertrieben, teilweise sogar verhaftet und lange Zeit gefangengehalten sind, muß ich damit rechnen, daß auch mir ein ähnliches Unrecht zugefügt werden könnte.«

Der Bischof trifft in dieser Anordnung Bestimmungen für die Aufgaben des Generalvikars und des Bischöflichen Offizials in Vechta. Darüber hinaus ordnet er an, daß sofort nach Eintreffen der Nachricht über Gewaltanwendung gegen ihn in allen Gemeinden ein einstündiges Trauergeläut mit der größten Glocke gehalten werden solle. Danach sollten die Glocken schweigen, solange die Gewaltanwendung gegen ihn dauere. Nur die Angelusglocke solle dreimal am Tag kurz läuten. Der Bischof bittet alle, die beim Angelusläuten die liebe Gottesmutter begrüßen, jedesmal auch für ihn ein andächtiges »Ave Maria« hinzuzufügen.

50 Jahre sind seither vergangen. Die Gewalthaber der damaligen Zeit sind längst von ihren selbst errichteten Thronen gestürzt. Die Kirche besteht weiterhin, und sie ist weiterhin Kirche der Märtyrer, Kirche der Zeugen. Auch heute ist die Kirche und sind die Christen in vielen Ländern der Welt bedroht, benachteiligt, an der Ausübung ihrer Religion gehindert, unterdrückt und verfolgt. Wir wollen ihrer heute hier an den Gräbern der Märtyrer gedenken.

Als Bischof Clemens August vor 50 Jahren von den frischen Gräbern in deutschen Landen sprach, in denen die Asche derer ruht, die das katholische Volk für Märtyrer des Glaubens hält, konnte er nicht wissen, daß solche Gräber von Märtyrern des Glaubens aus der Zeit des Nationalsozialismus heute auch in der Krypta dieses Domes sind: die Gräber von Karl Leisner, Josef Storm und Heinz Bello. Sie alle sind unvergessen. Ihr Beispiel fordert uns auf, in unserer Zeit das von uns geforderte christliche Zeugnis zu leben.

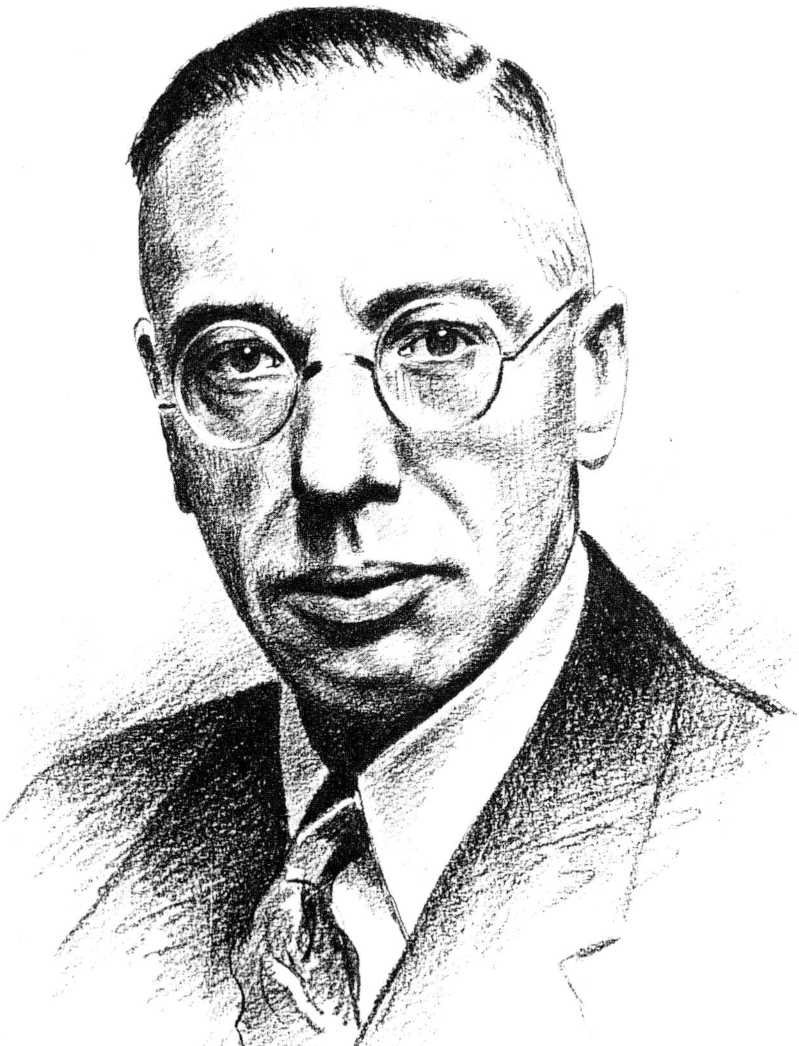

Nikolaus Groß

I

Nikolaus Groß wurde am 30. September 1898 in Niederwenigern an der Ruhr als ältestes von drei Kindern geboren. Von 1905 bis 1912 besuchte er die katholische Volksschule in seinem Heimatort. Nach Beendigung der Schulzeit arbeitete er drei Jahre in einem Blechwalzwerk. Danach wechselte er in den Bergbau, wo er fünf Jahre als Schlepper und Kohlenhauer unter Tage tätig war.

1917 wurde Nikolaus Groß Mitglied des »Gewerkvereins christlicher Bergarbeiter Deutschlands«. Einige Zeit später schloß er sich auch dem »St.-Antonius-Knappen- und -Arbeiterverein« an.

In der Freizeit widmete sich Nikolaus Groß intensiv seiner persönlichen Weiterbildung. Er nahm an Abendkursen und Rednerschulungen teil. In volkswirtschaftlichen Lehrgängen erwarb er sich ein umfassendes Wissen über die wirtschaftlichen Zusammenhänge, insbesondere auch über das Arbeitsrecht und die Sozialversicherung. 1918 wurde er Mitglied in der Zentrumspartei, um sich auch im politischen Bereich für eine Verbesserung der Arbeitsbedingungen einzusetzen.

Der junge Arbeiter beteiligte sich aktiv am Gewerkschafts- und Vereinsleben. 1920 wurde er hauptamtlicher Jugendsekretär im »Gewerkverein christlicher Bergarbeiter«. Ein Jahr später trat er in die Redaktion des »Bergknappen«, der Zeitschrift der christlichen Bergarbeiter, ein. 1922 übernahm er die Bezirksleitung des »Gewerkvereins« in Niederschlesien. Nach einer Zwischenstation in Zwickau als Leiter des Bezirks Sachsen kam er 1924 ins Ruhrgebiet zurück und übernahm Aufgaben in der Bezirksstelle des »Gewerkvereins« in Gladbeck.

1923 heiratete Nikolaus Groß Elisabeth Koch aus seinem Heimatort. Dem Ehepaar wurden sieben Kinder geboren.

1927 übernahm Nikolaus Groß eine Stelle als Redakteur bei der »Westdeutschen Arbeiter-Zeitung«, dem führenden Organ der Katholischen Arbeiter-Bewegung in Westdeutschland mit einer Auflage von 170000 Exemplaren. Schon bald wurde ihm die Stelle des Chefredakteurs anvertraut.

Neben seiner journalistischen Arbeit begann er eine rege Tätigkeit als Referent und Delegierter der KAB. In vielen Veranstaltungen war er ein geschätzter Redner. Trotz der Fülle seiner Arbeit widmete sich Nikolaus Groß mit großer Liebe seiner Familie. Sie gab ihm die Kraft für seinen unermüdlichen Einsatz.

Im Lauf der Jahre nahm die Auseindersetzung mit der aufkommenden nationalsozialistischen Ideologie einen immer größeren Raum in seinem publizistischen Wirken ein. Er nutzte jede Gelegenheit, um die katholischen Arbeiter vor der Gefahr des Nationalsozialismus zu warnen. Mit scharfem Blick und klaren Worten entlarvte er die Ideologie des Nationalsozialismus in ihrer Radikalität und Menschenverachtung.

Schon im Frühjahr 1933 wurde die »Westdeutsche Arbeiter-Zeitung« für einige Wochen verboten. 1935 mußte sie sich in »Ketteler-Wacht« umbenennen. Nikolaus

Groß ließ sich auch durch Schwierigkeiten vielfältiger Art, die ihm gemacht wurden, und durch persönliche scharfe Verweise seitens des Reichspropagandaministeriums nicht einschüchtern. In häufig chiffrierter Sprache hielt Nikolaus Groß weiterhin Kontakt mit den Lesern, bis die Zeitung 1938 verboten wurde. In der Folgezeit widmete er sich der Publikation religiöser Kleinschriften. 1941 wurde ihm auch diese Möglichkeit durch Sperrung der Papierzuteilung genommen.

Seit langem wurde Nikolaus Groß von der Geheimen Staatspolizei beobachtet. Er war sich darüber im klaren, daß er immer in der Gefahr lebte, von der Gestapo verhaftet zu werden. Durch seine Zusammenarbeit mit Jakob Kaiser und Bernhard Letterhaus kam er in Kontakt mit den Umsturzplänen des Widerstandskreises um Goerdeler und des Kreisauer Kreises.

Am 19. Juli 1944, einen Tag vor dem Attentat auf Hitler, bat der Diözesanpäses der KAB des Erzbistums Paderborn, Dr. Kaspar Schulte, Nikolaus Groß, doch im Hinblick auf seine große Familie vorsichtig zu sein. Groß antwortete ihm: »Wenn wir nicht unser Leben einsetzen, wie können wir dann vor Gott und unserem Gewissen bestehen!«

Nach dem Scheitern des Attentates auf Hitler am 20. Juli 1944 wurde auch Nikolaus Groß verhaftet und in das Konzentrationslager Ravensbrück gebracht. Anfang Oktober 1944 wurde er in die Strafanstalt Berlin-Tegel überstellt. Aufgrund von durch Anwendung von Folter erpreßten Aussagen wurde ihm der Prozeß gemacht. Seiner tapferen Frau gelang es, Briefkontakt mit ihm aufzunehmen und ihn im Gefängnis zu besuchen.

Am 15. Januar 1945 wurde Nikolaus Groß vom Volksgerichtshof unter Vorsitz von Roland Freisler zum Tode verurteilt. Frau Groß konnte ihn am 17. Januar noch einmal besuchen. Sie brachte ihm einen Rosenkranz und das Sterbekreuz. Nikolaus Groß verabschiedete sich von seiner Frau mit den Worten: »Auf Wiedersehen in einer besseren Welt! Im Himmel kann ich mehr für Dich und die Kinder tun als hier auf der Welt.« Zum Abschied machten sie sich ein Kreuz auf die Stirn.

Gnadengesuche von Frau Groß für ihren Mann blieben erfolglos. Am 23. Januar 1945 wurde Nikolaus Groß im Gefängnis in Berlin-Plötzensee hingerichtet. Zwei Tage vor seiner Hinrichtung schrieb er einen Abschiedsbrief an seine Frau und seine Kinder. Dieser Brief ist ein bleibendes Dokument seiner hervorragenden menschlichen und christlichen Haltung.

Am 8. Juni 1988 hat Kardinal Hengsbach, der Bischof von Essen, die Einleitung des Seligsprechungsprozesses für Nikolaus Groß bekanntgegeben.

II

Predigt im Gedenkgottesdienst für Nikolaus Groß mit der KAB am 17. Juni 1990 in Xanten

Es ist schon eine gute Tradition geworden, daß die KAB am 17. Juni in Xanten im Gedenken an Nikolaus Groß einen Gottesdienst feiert. Mit Bernhard Letterhaus, Gottfried Könzgen, Dr. Müller und manchen anderen gehört er zu den hervorragenden Glaubenszeugen der KAB in der schweren Zeit des Nationalsozialismus. Friedrich Muckermann, ein Jesuit und einer der engagiertesten Kämpfer gegen die Ideologie des Nationalsozialismus, schreibt in seinen Lebenserinnerungen: »Es ist schwer zu beurteilen, welche Verbände sich am tapfersten geschlagen haben. Es scheint aber wohl, daß die Arbeitervereine am zähesten waren, der Gesellenverband aber und insbesondere der Caritasverband am nachgiebigsten. Die Lehrerinnen haben besser gekämpft als die Lehrer, am ruhmlosesten von allen wohl der Verband der Akademiker.« Wenn »die katholischen Arbeitervereine die nationalsozialistische Gefahr früher erkannt und konsequenter bekämpft haben als weite Teile des deutschen Katholizismus« (J. Aretz), ist dies nicht zuletzt auch ein Verdienst der eben genannten Personen.

»Bergmann, Christlicher Gewerkschaftssekretär, Journalist der Arbeiterpresse, Widerstandskämpfer – so könnte man im Telegrammstil oder in Form eines enzyklopädischen Kurzartikels die Biographie des Nikolaus Groß umreißen« (J. Aretz). Am 23. Januar 1945 wurde er in Berlin-Plötzensee hingerichtet. Sein Abschiedsbrief an seine Frau, die ihn mehrfach im Gefängnis besucht hat und ihm wenige Tage vor der Hinrichtung ein Sterbekreuz und einen Rosenkranz brachte, ist ein Dokument von höchstem menschlichen und christlichen Rang.

Nikolaus Groß beginnt seinen Abschiedsbrief mit den Worten: »Wenn dieser Brief in Eure Hände kommt, wird er Euch künden, daß der Herr mich gerufen hat . . . Fürchtet nicht, daß Angesichts des Todes großer Sturm und Unruhe in mir sei. Ich habe täglich gebetet . . ., und ich spüre, wie es durch das Gebet in mir still und friedlich geworden ist.« Nikolaus Groß ist dankbar dafür, daß er auch im Gefängnis Christus im Sakrament häufig empfangen konnte.

Diese tiefe persönliche Frömmigkeit ist das Fundament, von dem aus Nikolaus Groß sich unermüdlich für die Arbeiterschaft einsetzte und von dem aus er der Diktatur des Nationalsozialismus Widerstand leistete.

In einem Gespräch mit dem Diözesanpräses der KAB von Paderborn, Dr. Kaspar Schulte, sagt Nikolaus Groß in den Tagen um den 20. Juli 1944: »Wenn wir nicht unser Leben einsetzen, wie könnten wir dann vor Gott und unserem Gewissen bestehen!«

Hermann Rauschning, zu Beginn der Nazizeit Senatspräsident in Danzig, berichtete aus seinen Gesprächen mit Adolf Hitler den Ausspruch des Diktators: »Das Gewissen ist eine Verstümmelung des menschlichen Wesens. Ich befreie die Menschen von den schmutzigen und erniedrigenden Selbstpeinigungen einer Gewissen und Moral genannten Chimäre und von den Ansprüchen einer Freiheit und Selbständigkeit, denen immer nur ganz wenige gewachsen sein können.«

Dieses Wort ist aufschlußreich und zugleich entlarvend. Es macht deutlich, daß Freiheit mit Selbständigkeit, Verantwortung und Gewissen zu tun hat. Im Munde eines Diktators ist ein solches Wort verständlich. Diktatoren lieben das Gewissen nicht, weder bei sich selbst noch bei anderen. Sie lieben das Gewissen nicht bei sich selbst. Sie wollen nicht, daß es sie mahnt und ihren Plänen Bedenken und Widerstand entgegensetzt. Sie lieben es auch nicht bei anderen. Sie wollen, daß andere ihnen bedenkenlos folgen. Die Berufung auf das Gewissen aber setzt eine Grenze für jede Herrschaft von Menschen über Menschen.

»Wenn wir nicht unser Leben einsetzen, wie könnten wir dann vor Gott und unserem Gewissen bestehen!« Nikolaus Groß sieht den Menschen in seiner Unmittelbarkeit zu Gott. Der christliche Glaube, der über den Menschen den Himmel offen hält, widersetzt sich allen Versuchen, ein totalitäres System zu errichten, das den Menschen ganz und gar vereinnahmt. Er enthält einen für totalitäre Systeme gefährlichen Sprengstoff. Deshalb ist es aus ihrer Sicht konsequent, die Kirche und den christlichen Glauben zu unterdrücken. Wo der Mensch in seiner Unmittelbarkeit zu Gott gesehen wird, kommt ihm vom Wesen her Freiheit und Verantwortung zu, die für jede menschliche Herrschaft unverfügbar sind.

In der Auseinandersetzung mit der Ideologie des Nationalsozialismus wies Nikolaus Groß unermüdlich auf die Fundamente des menschlichen Zusammenlebens hin.

In der Diskussion um Menschenrechte taucht immer wieder die Frage auf: Worin sind die Rechte des Menschen letztlich begründet? Setzt der Mensch dieses Menschenrecht selbst fest? Kann er sie durch Machtanwendung oder Mehrheitsbeschlüsse ändern? Kann er sie für bestimmte Gruppen und Völker einschränken und außer Kraft setzen? Eine säkularisierte Gesellschaft, die nur den Menschen sieht, hat es schwer, Menschenrechte so zu begründen, daß sie für Menschen unverfügbar sind.

Das Zusammenleben der Menschen braucht tief gegründete Fundamente. Die unheilvolle Herrschaft des Nationalsozialismus in Deutschland und die unheilvollen Diktaturen in anderen Ländern der Welt zeigen, wohin es führt, wenn man das Zusammenleben der Menschen auf dem Sumpf schillernder Ideologien errichtet und das feste Fundament einer sittlichen Grundordnung verachtet. Sumpfblüten können einen verführerischen Glanz entfalten. Man geht auf sie zu und möchte sie pflücken, und plötzlich spürt man, daß der Boden unter den Füßen geschwunden ist. Man sitzt im Sumpf. Sumpfblüten können einen betäubenden Duft verströmen. Man fühlt sich davon angezogen und merkt erst zu spät, daß es ein gefährliches Gift ist, das das Leben und Zusammenleben zersetzt. Nur da, wo der Staat und die Gesellschaft sich an Werten orientieren, die für Leben und Würde des Menschen unersetzbar sind, ist ein tragfähiges und stabiles Fundament des Zusammenlebens gegeben. Nikolaus Groß sah diese Werte ausgesprochen in den 10 Geboten Gottes.

Kardinal Hengsbach, der Bischof von Essen, hat am 8. Juni 1988 die Einleitung des Seligsprechungsprozesses für Nikolaus Groß bekanntgegeben. Selige und Heilige sind Menschen, an denen wir uns orientieren können. Treue zu Jesus Christus, persönliche Frömmigkeit, Achtung des Gewissens, Freiheit und Verantwortung des Menschen vor Gott, Festhalten an den Grundwerten, wie sie in den Geboten Gottes zum Ausdruck kommen: Das ist die Botschaft, die Nikolaus Groß uns durch sein Leben zuruft.

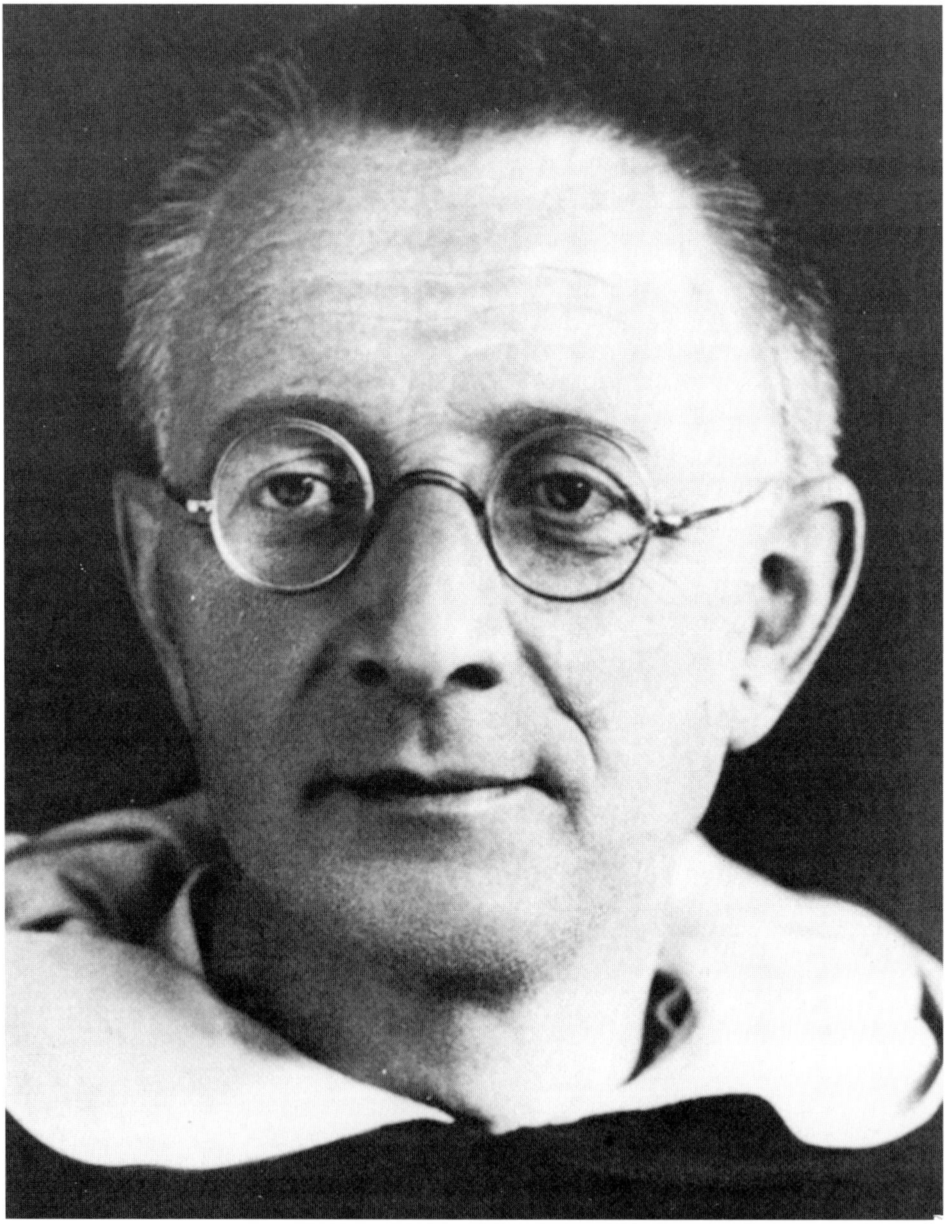

Titus M. Horten

I

Franz Horten (P. Titus) wurde am 9. August 1882 in Elberfeld geboren. Er wuchs im Kreise einer großen Familie mit acht Kindern auf. Zwei seiner Brüder wurden Priester, einer von ihnen gleichfalls im Dominikanerorden. Seine beiden Schwestern traten in einen Orden ein.

Nach dem Besuch der Volksschule in Frankfurt und Leipzig kam er an das Collegium Albertinum der Dominikaner in Venlo. Seine fünf Brüder waren bereits vor ihm dort. In Leipzig legte er die Reifeprüfung ab. Anschließend studierte er an den Universitäten in Leipzig, Münster, Grenoble, London und Bonn die Sprachen Englisch und Französisch. Er schloß die Studien mit der Promotion ab.

Während seiner Studienjahre hielt er regelmäßigen Kontakt zum Dominikanerorden. In ihm reifte der Entschluß, in diesen Orden einzutreten. Im August 1909 tat er diesen Schritt und nahm den Ordensnamen Titus an. Im Kloster Venlo absolvierte er die Noviziatszeit. Anschließend studierte er Philosophie und Theologie in Düsseldorf. Nach Ablegung der feierlichen Gelübde wurde er zur Vollendung seiner Studien nach Rom gesandt. Am 27. Februar 1915 empfing er die Priesterweihe.

Im Herbst 1915 kehrte P. Titus nach Düsseldorf zurück. Inzwischen hatte der erste Weltkrieg begonnen. Im Kloster war ein Lazarett eingerichtet worden. P. Titus tat zwei Jahre Dienst im Kloster und in diesem Lazarett.

1917 kam P. Titus nach Vechta, um als Erzieher am dortigen Kolleg tätig zu werden. Es stellte sich jedoch heraus, daß P. Titus keine besondere Veranlagung für das Wirken als Lehrer und Erzieher hatte. Deshalb gab er nach fünf Jahren diese Tätigkeit wieder auf. Als Spiritual und Beichtvater war er jedoch bei den Schülern hoch geschätzt.

Von 1919 bis 1920 und wiederum von 1921 bis 1927 war P. Titus als Prokurator für das Kolleg in Vechta tätig. In den schweren Jahren der Nachkriegszeit, insbesondere auch der Inflation, stellte diese Tätigkeit hohe Anforderungen an ihn. Er hat sich in diesen Aufgaben hervorragend bewährt, so daß er 1927 zum Prior des Klosters gewählt wurde. Weitherzigkeit, Klugheit und Güte prägten seine Amtsführung. Auch als Prior war er unermüdlich in der Seelsorge tätig, insbesondere im Beichtstuhl.

1923 wurde auf die entscheidende Initiative von P. Titus hin der Albertus-Magnus-Verlag gegründet, der Ordenszeitschriften, aber auch religiöse Bücher, Broschüren und Kalender veröffentlichte. P. Titus, der ein besonderes Gespür für die Möglichkeiten und Bedeutung der Presse hatte, wurde Direktor dieses Verlages.

1927 übernahm P. Titus zusätzlich das Amt des Generalprokurators für die Mission der deutschen Dominikaner in China. Im Verlag wie auch in der Missionsprokuratur arbeitete er mit den Dominikanerinnen der Ilanzer Kongregation zusammen.

Schon bald nach der »Machtübernahme« machte das nationalsozialistische Regime die Arbeit der Missionsprokuratur immer schwieriger. Die Devisengesetze wurden verschärft und die Überweisungen finanzieller Hilfe an die Mission durch einschränkende Vorschriften erschwert. 1935 begann eine staatlich gelenkte Kampagne gegen die Kirche und insbesondere gegen die Orden, in der Priestern und Ordensleuten Devisenvergehen vorgeworfen wurden. Der Provinzial der Dominikaner, P. Laurentius Siemer, und sein Vorgänger, P. Thomas Stuhlweißenburg, waren bereits wegen angeblicher Devisenvergehen verhaftet worden. P. Thomas starb im Oktober 1935 im Gefängnis in Oldenburg, bevor die Gerichtsverhandlung stattfinden konnte. P. Laurentius wurde in Erster Instanz zu Gefängnis und einer hohen Geldstrafe verurteilt, in der Berufungsverhandlung jedoch 1936 freigesprochen.

Am 7. Mai 1936 wurde der Albertus-Magnus-Verlag durchsucht, am 8. Mai auch die Missionsprokur. Am Abend des gleichen Tages wurde P. Titus verhaftet und wenige Tage später ins Gefängnis nach Oldenburg gebracht. Am 4. November 1935 wurde er zu zwei Jahren Gefängnis und einer hohen Geldstrafe verurteilt. Er legte gegen dieses Urteil Berufung ein.

Der Gesundheitszustand von P. Titus verschlechterte sich von Tag zu Tag. Er mußte in das Gefängnislazarett am evangelischen Peter-Friedrich-Ludwig-Hospital in Oldenburg verlegt werden. Seine letzten Lebenstage verbrachte er in einer verriegelten und vergitterten Krankenzelle. Die Oberschwester der im Krankenhaus tätigen Diakonissen veranlaßte, daß er in das sogenannte Fürstenzimmer verlegt wurde. P. Titus hat die liebevolle Sorge der Diakonissen dankbar empfunden. Er starb am 25. Januar 1936.

Fünf Tage später fand in Vechta die Beerdigung statt. Etwa 6000 Gläubige nahmen daran teil. Es war ein Zeichen dafür, wie sehr P. Titus geachtet und geschätzt wurde. Das Volk verehrte ihn wie einen Heiligen. 1948 leitete Bischof Dr. Michael Keller den Seligsprechungsprozeß für ihn ein.

II

Predigt im Gottesdienst zum Gedenken von P. Titus Horten am 1. Mai 1986 in Vechta

Mehr als 50 Jahre sind vergangen, seit P. Titus Horten am 25. Januar 1936 in Oldenburg gestorben ist. Der liebenden Sorge der Diakonissen war es zu verdanken, daß P. Titus in seinen letzten Stunden aus dem engen und vergitterten Krankenzimmer für Gefängnisinsassen in das sog. Fürstenzimmer verlegt werden konnte. Als 20 Jahre später eine der Diakonissenschwestern von einem Pater des Vechtaer Konventes gefragt wurde, ob sie sich noch an P. Titus erinnere, antwortete sie: »Einen solchen Mann vergißt man nie.«

P. Titus ist nicht vergessen. Das zeigt der heutige Gottesdienst. Das zeigt auch unser Bemühen um die Seligsprechung. Vor wenigen Monaten konnten wir die letzten Vorarbeiten für den weiteren Verlauf des Seligsprechungsprozesses abschließen und das gesamte Material der Kongregation für die Selig- und Heiligsprechungen in Rom übergeben.

Warum mühen wir uns um die Seligsprechung? Wenn die Kirche einen Menschen selig- oder heiligspricht, bedeutet das zweierlei:

1. Sie ist überzeugt davon, daß dieser Mensch in der Nachfolge Jesu das ewig Ziel bei Gott erreicht hat.

2. Sie stellt uns diesen Menschen als Beispiel vor Augen, dem wir in unserem Leben folgen können.

Schauen wir also auf P. Titus und fragen, worin er uns Beispiel sein kann für unseren Weg.

Unser unvergessener Offizial Grafenhorst war vor 50 Jahren Seelsorger im Gefängnis in Oldenburg. Er hat P. Titus häufig in den Monaten seiner Haft besucht. Er hat ihm ermöglicht, daß er im Gefängnis die heilige Messe feiern konnte, und hat nicht selten selbst dabei ministriert. Der Offizial hat P. Titus auch in den Tagen seiner Krankheit bis in die letzten Stunden hinein betreut. Aus dieser engen persönlichen Kenntnis nennt Offizial Grafenhorst P. Titus einen »Freund Gottes«.

Freund Gottes: So nennt die Heilige Schrift Abraham, der dem Ruf Gottes folgte: Brich auf in das Land, das ich dir zeigen werde; ein Segen sollst du werden! (vgl. Gen 12,1–3) Auch P. Titus ist dem Ruf Gottes gefolgt. Dieser Ruf führte ihn in den Dominikanerorden, zum Priestertum und zu uns in das Oldenburger Land nach Vechta. Schon damals waren die Menschen davon überzeugt, und wir sind es heute in der Rückschau noch mehr: P. Titus ist für die Menschen unseres Landes ein Segen geworden!

Abraham, der Freund Gottes, hörte das Wort des Herrn: Geh deinen Weg vor mir und sei rechtschaffen (Gen 17,1). Der Freund Gottes lebt sein Leben vor Gott. Gott war für P. Titus nicht eine ferne Macht, sondern ein lebendiger, naher Gott, vor dem sich unser Leben vollzieht. Immer wieder suchte er im Gebet die Nähe Gottes. Beten und Leben fielen bei ihm nicht auseinander, weil er wußte, daß alles, was in seinem Leben geschah, vor Gott geschah. Dieses Bewußtsein, vor Gott zu leben, gab ihm Kraft bis in die langen Stunden der Einsamkeit in der Gefängniszelle und in die Tage der Krankheit hinein.

Von Abraham, dem Freund Gottes, lesen wir in der Heiligen Schrift, daß er seine Freundschaft mit Gott in die Waagschale wirft in der Solidarität mit den Menschen. Das gleiche tat P. Titus: Viele Menschen kamen zu ihm, um ihn um sein fürbittendes Gebet zu bitten. Er trug gern und bereitwillig die Anliegen der Menschen vor Gott.

Ein zweites herausragendes Merkmal im Leben von P. Titus ist seine Güte und Hilfsbereitschaft.

»Kann ich Dir einen Gefallen tun?« »Kann ich Dir eine Freude machen?« Viele, die P. Titus gekannt haben, berichten, daß er immer wieder so gefragt hat: in der Familie, die Mitbrüder im Konvent, die Schwestern, mit denen er zusammenarbeitete, und insbesondere auch die Missionare in China, für die er als Missionsprokurator mit aller Liebe und Hilfsbereitschaft sorgte.

P. Titus hatte ein gutes Herz. Von seinem Temperament her neigte er allerdings leicht zu Ungeduld und zum aufbrausenden Zorn. Er wußte, daß er in solchen

Situationen leicht andere durch seine Schroffheit verletzte. Mit aller Kraft bemühte er sich, sein Temperament zu meistern. Gerade deshalb strahlte seine Güte um so heller.

Im Psalm 119 heißt es als Bitte an Gott: »Sei gut zu mir, und ich werde leben.« Gottes Güte gibt uns Raum zum Leben. Wir sollen die erfahrene Güte Gottes weitergeben und so auch anderen Raum zum Leben geben. Das tat P. Titus: Er war gut zu den Menschen und gab ihnen Raum zum Leben.

Eine dritte Eigenschaft kennzeichnet P. Titus: seine Demut.

In seinen letzten Aufzeichnungen aus dem Gefängnis lesen wir: »Nicht mich in den Mittelpunkt stellen . . . Nicht immer die eigene Meinung für allein richtig halten . . . Will man anderen helfen, dann sich in sie hineindenken, vom Standpunkt des andern ihn und seine Verhältnisse betrachten . . . Fehler sehen und vermuten bei anderen zeigt, daß wir unsere Fehler in sie hineintragen.«

Die geistliche Lebensregel für die Jerusalemgemeinschaften stellt als Grundlage für ein gutes Miteinander die Forderung: »Sei durchsichtig. Laß zu, daß andere Dich kennen, und suche selber, andere kennenzulernen . . . Sei demütig genug, Dich in Wahrheit anschauen zu lassen, wie Du bist, und barmherzig genug, um selber zu schauen, ohne zu verurteilen.«

Was Demut und Barmherzigkeit für ein ehrliches Miteinander bedeuten, zeigt der Apostel Paulus an mehreren Stellen in seinen Briefen. »Seid demütig, friedfertig und geduldig. Ertragt einander in der Liebe und bemüht euch, die Einheit des Geistes zu wahren durch den Frieden, der euch zusammenhält« (Eph 4,2–3).

Wir kennen große Heilige, die tiefgreifende Bewegungen in der Kirche angestoßen haben. Zu ihnen gehören z.B. die großen Ordensstifter, wie der hl. Dominikus. Daneben stehen die Heiligen, die zeigen, wie wir im Alltag dem Weg Jesu folgen können.

P. Titus kann uns zeigen, wie wir im Alltag Christ sein können. Er schreibt: »Schlicht bleiben auf dem Boden des täglichen Lebens . . . Das Tägliche, Alltägliche heiligen.«

P. Titus lebt ein Leben des Alltags. Es war der Alltag des Klosters und damit ein anderer Alltag als der Alltag von vielen von uns. Aber das, was den Alltag ausmacht, das Alltägliche, prägt seinen und unseren Alltag in gleicher Weise. Im Alltag Gott und den Menschen dienen: Das können wir von P. Titus lernen. Der Alltag ist der Ort, an dem unser Glaube seine tätige Kraft erweisen muß, unsere Hoffnung ihre Standhaftigkeit und unsere Liebe ihren opferbereiten Einsatz.

P. Titus ist ein Zeuge des Glaubens. Er war kein Widerstandskämpfer in dem Sinne, daß er durch besondere heroische Taten gegen das Nazi-Regime hervorgetreten wäre. Er ließ sich, wie so viele ungenannte und ungezählte Christen, nicht von der nationalsozialistischen Propaganda beeinflussen und stärkte die Christen des Oldenburger Landes in ihrer Treue zum Glauben und zur Kirche. In der Treue dieser vielen Christen stießen die damaligen Machthaber an die Grenzen ihrer Macht. Deshalb griffen sie zu den Mitteln der Verleumdung. Deshalb inszenierte man Schauprozesse unter den Stichworten »Sittlichkeitsverbrechen« und »Devisenvergehen«. Weil die Nationalsozialisten die Kirche und die Orden treffen wollten, versuchten sie, den

Ordensleuten auf diese Weise die Ehre zu nehmen und ihren Einfluß beim katholischen Volk zu schwächen. Das war der Grund, weshalb man mit P. Laurentius Siemer auch P. Titus unter dem Vorwand von Devisenvergehen verhaftete und vor Gericht stellte.

Das katholische Volk Oldenburgs hat diese Machenschaften durchschaut. Es ist, als hätten sie das Wort des Apostel Paulus gehört: »Schäme dich also nicht, dich zu unserm Herrn zu bekennen; schäme dich auch meiner nicht, der ich seinetwegen im Gefängnis bin« (2 Tim 1,8). Mehr als 100 Priester und 6000 Gläubige kamen zur Beerdigung von P. Titus. Manche davon leben noch heute und sind unter uns. Seine Beerdigung wurde zu einer unübersehbaren Kundgebung des Glaubens. Die Christen gaben bewußt ein Zeichen der Verbundenheit im Glauben. Sie wollten deutlich machen: P. Titus stand stellvertretend für alle gläubigen Christen vor Gericht. Er ist ein Zeuge des Glaubens.

Freundschaft mit Gott, Güte und Demut im Zusammenleben der Menschen, Mut zum Christsein im Alltag, Treue zum Glauben und zur Kirche: Darin ist P. Titus uns ein Vorbild. Das können wir von seinem Beispiel lernen.

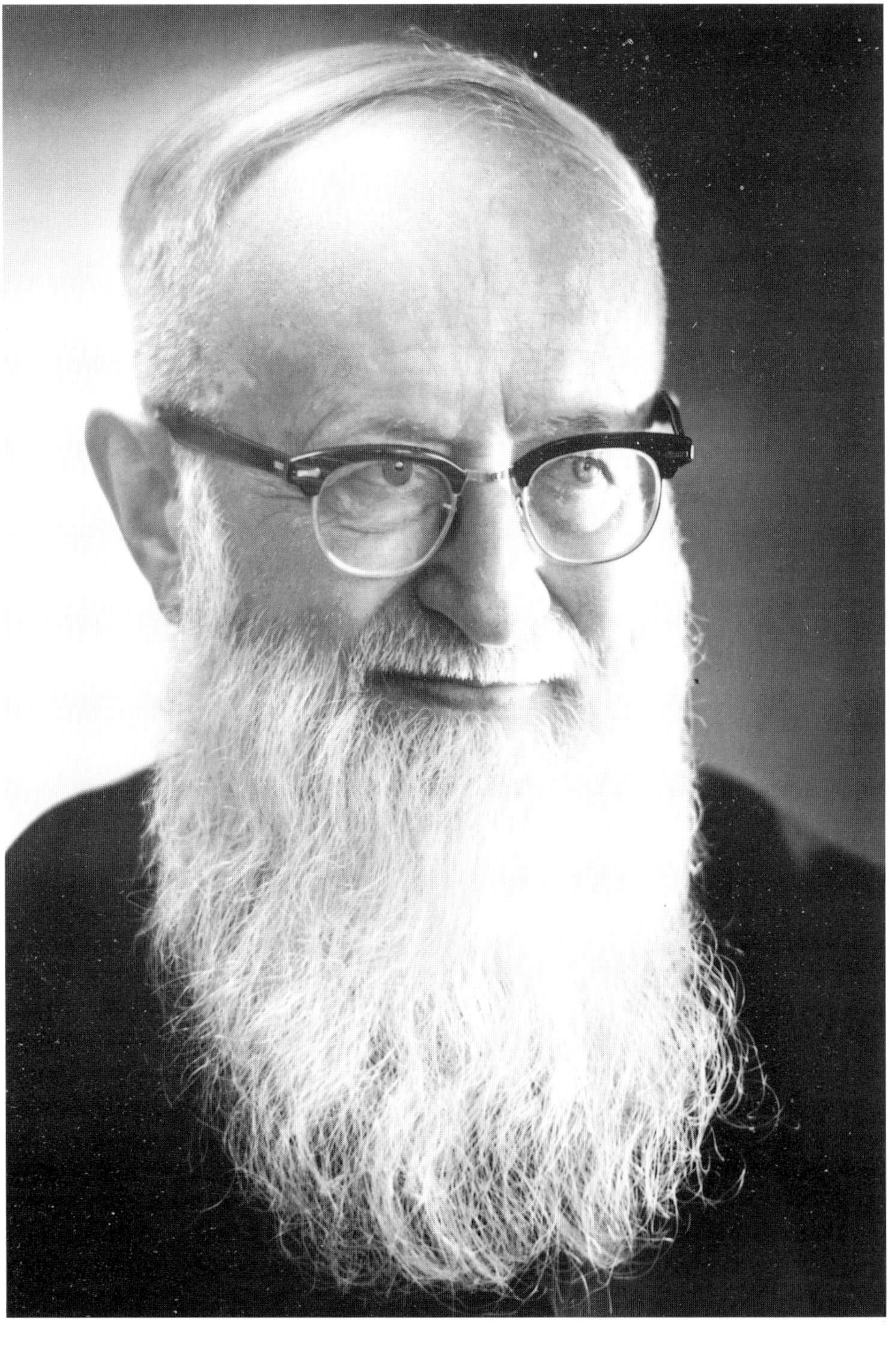

Pater Joseph Kentenich

I

Joseph Kentenich wurde am 18. November 1885 in Gymnich bei Köln geboren. Schon in jungen Jahren wuchs in ihm der Wunsch, Priester zu werden. Er möchte als Missionar in Afrika wirken. Als Vierzehnjähriger kam er in die Schule der Pallottiner in Ehrenbreitstein. Nach erfolgreichem Abschluß der Schulzeit trat er bei den Pallottinern ein und studierte an ihrer Hochschule Philosophie und Theologie. Am 8. Juli 1910 empfing er die Priesterweihe. Da seine Gesundheit nicht allzu fest war, konnte sein Wunsch, als Missionar nach Afrika zu gehen, nicht erfüllt werden. Statt dessen wurde er Latein- und Deutschlehrer in Ehrenbreitstein. Im Oktober 1912 übernahm er die Aufgabe eines Spirituals im Studienheim der Pallottiner in Schönstatt. In diesen Jahren zeigte sich das besondere pädagogische Charisma von P. Kentenich.

Seit früher Jugend pflegte P. Kentenich eine innige Marienverehrung. Am 18. Oktober 1914 legte er seinen Studenten in der kleinen Kapelle in Schönstatt den »kühnen Plan« vor, mit der Gottesmutter ein Bündnis einzugehen und sie zu bitten, aus Schönstatt einen Gnadenort zu machen. Mit diesem »Liebesbündnis« war der Grund gelegt für die kommende Schönstattbewegung.

In den folgenden Jahren entfaltete P. Kentenich eine umfangreiche Tätigkeit in Exerzitien, Kursen, Vorträgen und persönlicher Beratung und Begleitung. »Das Ohr am Herzen Gottes, die Hand am Pulsschlag der Zeit«: Diesem Wort entsprechend legte er unseren Glauben für unsere Zeit aus. Er stellte den Menschen die Gestalt Mariens vor Augen und ermunterte sie, ihr christliches Leben nach ihrem Vorbild zu gestalten.

In diesen Jahren wurde P. Kentenich Vater und Gründer eines vielgestaltigen internationalen Werkes von Priester- und Laiengemeinschaften, deren Zentrum das Heiligtum der Dreimal Wunderbaren Mutter in Schönstatt ist.

Die Geheime Staatspolizei des nationalsozialistischen Regimes verfolgte seit Jahren die Tätigkeit P. Kentenichs und ließ ihn überwachen. Am 20. September 1941 wurde er verhaftet. Nach vierwöchiger Dunkelhaft und vorübergehendem Gefängnisaufenthalt wurde er in das Konzentrationslager Dachau überstellt. Dreieinhalb Jahre erduldete er den Hunger, die Entbehrungen und die menschenverachtende Behandlung im Konzentrationslager. Die schweren Jahre konnten seine innere Kraft nicht beugen. Er ermunterte seine Mithäftlinge, das Vertrauen auf Gott nicht zu verlieren. Er selbst verfaßte in dieser Zeit zahlreiche Gebete in Versform, die auf geheimen Wegen aus dem Lager gebracht werden konnten.

Am 6. April 1945 kam für P. Kentenich der Tag der Befreiung. Er kehrte nach Schönstatt zurück und begann erneut seine weitgespannte Tätigkeit. Die Schönstattfamilie verbreitete sich in allen Teilen der Welt. Ausgedehnte Reisen führten P. Kentenich zu den neu entstehenden Gemeinschaften. In allen Kontinenten entstanden Schönstattheiligtümer.

Vorwürfe verschiedener Seiten führten zu einer Überprüfung des Schönstattwerkes von seiten Roms. P. Kentenich bekam die Auflage, seinen Aufenthalt in Milwaukee in den USA zu nehmen, wo er 14 Jahre blieb. Die Kontakte mit der Schönstattfamilie wurden beschränkt bzw. völlig untersagt. Das war um so schmerzlicher, als die Schönstattfamilie in diesen Jahren manchen Verdächtigungen ausgesetzt war.

Anläßlich des II. Vatikanischen Konzils wurde die Angelegenheit P. Kentenichs und der Schönstattbewegung in Rom erneut aufgegriffen. Im Jahre 1964 erfolgte die kirchenrechtliche Trennung des Schönstattwerkes mit seinen vielfältigen Gliederungen von der Gesellschaft der Pallottiner. Bischof Dr. Joseph Höffner von Münster wurde zum Moderator und Custos, d.h. zum Leiter und Beschützer des gesamten Schönstattwerkes, bestellt und gebeten, dem Heiligen Vater Vorschläge für das weitere Vorgehen im Hinblick auf das Werk und seinen Gründer vorzulegen. Im Jahre 1965, in der letzten Konzilsperiode, kam P. Kentenich nach Rom. Am Tag, an dem er die Vollendung seines 80. Lebensjahres feierte, wurde er von Bischof Dr. Joseph Höffner in das Bistum Münster inkardiniert. Das Weihnachtsfest 1965 konnte P. Kentenich wieder in Schönstatt feiern.

Drei Jahre reichen Wirkens in Schönstatt waren ihm noch vergönnt. Am 15. September 1968, am Festtag der Sieben Schmerzen Mariens, starb P. Kentenich unmittelbar nach der Feier der heiligen Messe in der Sakristei der Anbetungskirche in Schönstatt. Hier fand er auch seine letzte Ruhestätte. Auf seinem Sarkophag stehen die Worte: »Dilexit Ecclesiam« – »Er liebte die Kirche«.

Tausende von Menschen besuchen alle Jahre sein Grab, und ungezählte Christen in aller Welt beten um seine baldige Seligsprechung.

II

Predigt im Gottesdienst zum Gedenken des 100jährigen Geburtstages von Pater Kentenich am 17. November 1985 in der Überwasser-(Liebfrauen-)Kirche in Münster

In diesem Jahr steht unsere Wallfahrt im Zeichen des Gedenkens an Herrn P. Kentenich. Vor 100 Jahren wurde er geboren. Wir haben im Bistum Münster in besonderer Weise Grund, seiner zu gedenken: In den letzten Lebensjahren ist er Priester unseres Bistums gewesen.

Gestern, am 16. November, waren es 20 Jahre, seit Bischof Höffner P. Kentenich in Rom in die Schar der Priester des Bistums Münster aufgenommen hat. Ich selbst war damals dabei. Ereignisreiche Wochen waren vorausgegangen. Alle wußten: Die Klärung der Fragen um das Schönstattwerk und um P. Kentenich gehen einem entscheidenden Punkt entgegen. Bischof Höffner war vom Papst zum Moderator und Custos, d.h. zum Leiter und Beschützer, des gesamten Schönstattwerkes ernannt worden. Vieles lief deshalb über ihn und über seinen Tisch und damit auch durch meine Finger, mit denen ich damals die gesamte schriftliche Arbeit für den Bischof in Rom erledigte. Alle wußten: Es muß zu einer Entscheidung kommen. Und plötzlich war P. Kentenich in Rom. Ein Telegramm hatte ihn von Milwaukee nach Rom gerufen. Niemand fand sich in Rom, der das entsprechende Telegramm abgeschickt hatte. Was war zu tun? Sollte P. Kentenich in Rom bleiben? Sollte er nach Milwaukee zurückkehren? Wohlmeinende Freunde – wie Kardinal Bea – meinten, daß es ihm aufgrund seines fortgeschrittenen Alters nicht zuzumuten sei, erneut die weite Reise zu machen. Doch P. Kentenich meinte: Von seiner Gesundheit her könne er das durchaus.

Ich hatte P. Kentenich vorher nur aus Erzählungen und aus Schriften über ihn gekannt. Es hat mich sehr beeindruckt, wie er in der allgemeinen Aufregung jener Tage ganz ruhig blieb und auf die Vorsehung Gottes und die Hilfe der Gottesmutter vertraute. Oft hatte er anderen von der Vorsehung Gottes gesprochen. Er gab sich ihr ganz anheim. Oft hatte er anderen Vertrauen zugesprochen: Mater habebit curam! – Die Mutter wird sorgen! Er wußte sich in ihrer Sorge geborgen.

Alle diese Erinnerungen werden wach, wenn wir heute des 100. Geburtstages von P. Kentenich gedenken.

Das Grab P. Kentenichs trägt die Inschrift: Dilexit Ecclesiam – Er liebte die Kirche. Dieses Wort ist zugleich ein Vermächtnis an uns. Wir wollen uns deshalb heute fragen: Wie sieht P. Kentenich die Kirche? Auf fünf Merkmale möchte ich in dieser kurzen Besinnung hinweisen, die eng miteinander verbunden sind.

1. Die Kirche steht unter der Führung des Geistes Gottes. Mit der Herabkunft des Heiligen Geistes am Pfingstfest beginnt die Geschichte der Kirche. Die Apostelgeschichte, die vom Weg der frühen Kirche berichtet, zeigt uns, wie Gottes Geist unentwegt in ihr am Werk ist. Sie wächst »durch die Hilfe des Geistes« (Apg 9,31). Sie ist lebendig durch Gottes Geist. Er gibt ihrem Wort die Kraft, Menschen im Glauben an Jesus Christus zu versammeln. Er läßt die Sakramente fruchtbar werden. Er führt die Kirche auf ihrem Weg durch die Zeit.

   P. Kentenich wurde nicht müde zu mahnen, daß wir uns dem Geist Gottes öffnen und sein Wirken in der Kirche und in der Welt zu erkennen suchen. Auch die Gründung des Schönstattwerkes geht auf einen Anstoß des Heiligen Geistes zurück. Bischof Heinrich Tenhumberg forderte deshalb in einer viel beachteten Rede im II. Vatikanischen Konzil, nicht zuletzt im Hinblick auf das Schönstattwerk, die Zeichen der Zeit, ja besser, die Zeichen des Wirkens des Heiligen Geistes in unserer Zeit zu erkennen. Aus der Spiritualität P. Kentenichs wählte er selbst als Leitspruch für seinen Dienst als Bischof von Münster das Wort: »Veni, Sancte Spiritus« – »Komm, Heiliger Geist«: Dies soll auch unser Gebet für die Kirche sein.

2. Mit seinem letzten Wort vor der Himmelfahrt schaut Jesus in die Zeit der Kirche hinein. Er sagt zu den Aposteln: »Ihr werdet die Kraft des Heiligen Geistes empfangen, der auf euch herabkommen wird; und ihr werdet meine Zeugen sein in

Jerusalem und in ganz Judäa und Samarien und bis an die Grenzen der Erde« (Apg 1,8).

Bis an die Grenzen der Erde: Die Kirche ist eine dynamische Kirche. So sieht sie P. Kentenich. Sie muß immer neu aufbrechen, um ihre Sendung zu erfüllen. Dynamisch heißt kraftvoll. Ihre Dynamik äußert sich im tatkräftigen Einsatz. Die Quelle ihrer inneren Kraft aber ist die Freude darüber, daß Gott sich selbst uns schenkt in seinem Sohn Jesus Christus. »Die Freude am Herrn ist unsere Kraft.« Diese Nähe des Herrn, diese Freude am Herrn gibt der Kirche die Zuversicht, mit allem Freimut ihre Sendung zu erfüllen bis an die Grenzen der Erde.

In vielen Exerzitien, Vorträgen, Besinnungstagen, in Briefen und in persönlichen Gesprächen hat P. Kentenich sich bemüht, ungezählten Menschen diese inneren Quellen der Kraft zu erschließen, damit sie so von der Mitte her fähig werden, die Sendung Christi in der Welt zu erfüllen.

3. Die Kirche ist eine apostolische Kirche. Jesus, der nicht mehr sichtbar auf Erden lebt, bedarf der Zeugen und der Gemeinschaft, die das Zeugnis trägt. Als eine solche apostolische Gemeinschaft im Zeugnis für Jesus Christus sieht P. Kentenich die Schönstattgemeinschaft innerhalb der Gemeinschaft der Kirche. Sie ist eine apostolische Gemeinschaft. In ihr sollen Menschen befähigt werden, das Zeugnis für Jesus Christus in alle Bereiche des Lebens hineinzutragen, und dies nicht nur gleichsam als Einzelkämpfer, jeder an seiner Stelle, sondern mit dem Rückhalt einer Gemeinschaft. In alle Bereiche des Lebens: Von hierher ist die große Aufgeschlossenheit von P. Kentenich für alle Fragen des Lebens und des Menschen zu verstehen.

4. Welchem Ziel dient die apostolische Sendung? Die Jünger erfahren die Sendung durch Gottes Geist, wie sie nach der Himmelfahrt des Herrn im Gebet versammelt sind. Ihre Sendung geht dahin, Menschen zu sammeln im Lobpreis und in der Anbetung Gottes. Die Kirche muß deshalb immer betende Kirche sein. Sie steht im Dienst der Verherrlichung Gottes. Der Apostel Paulus schreibt an die Christen in Ephesus: Gott »werde verherrlicht durch die Kirche und durch Christus Jesus in allen Generationen, für ewige Zeiten. Amen« (Eph 3,20–21).

Die Anbetung in den vielen Schönstattkapellen in aller Welt, die P. Kentenich unablässig gefördert hat, ist Ausdruck dessen, daß die Kirche betende Kirche ist.

5. Inmitten der Kirche, die in der Kraft des Heiligen Geistes apostolisch tätig ist und die Menschen sammelt zur Verherrlichung Gottes, steht Maria, die Mutter des Herrn. Sie steht am Beginn der irdischen Geschichte des Sohnes Gottes. Sie steht wiederum am Beginn der Geschichte der Kirche. Sie steht mitten in der Kirche. Das zeigt uns der Bericht der Apostelgeschichte über das Pfingstfest. Sie alle (die Apostel) verharrten dort einmütig im Gebet, zusammen mit den Frauen und mit Maria, der Mutter Jesu, und mit seinen Brüdern« (Apg 1,14). Das doppelte »und« rückt Maria ganz bewußt in die Mitte und verbindet sie zugleich mit allen.

P. Kentenich hat uns immer wieder eingeladen, auf Maria inmitten der Kirche zu schauen. Das Zeugnis ihres Glaubens und ihrer Liebe kann auch unseren Glauben und unsere Liebe vertiefen und bereichern. Maria, die mitten in der Kirche steht, ist mit uns verbunden in der Reihe der Glaubenden. Zugleich steht sie als Mutter Christi ihrem Sohn besonders nahe. Er selbst hat uns unter ihren mütterlichen Schutz gestellt. Deshalb dürfen wir uns voll Vertrauen an sie wenden und sie um ihre Hilfe und Fürsprache bitten.

Liebe Christen! Unser Heiliger Vater, Papst Johannes Paul II., hat bei seinem Besuch in unserm Land in der Ansprache an die Priester in Fulda P. Kentenich zu den hervorragenden Priestern gezählt, die uns allen ein Vorbild sein können. Wir wollen seiner heute in Dankbarkeit gedenken und ihn, dem wir uns in der Gemeinschaft der Heiligen verbunden wissen, bitten, uns allen und insbesondere seinem Werk, der Schönstattfamilie, als Fürsprecher bei Gott zur Seite zu stehen.

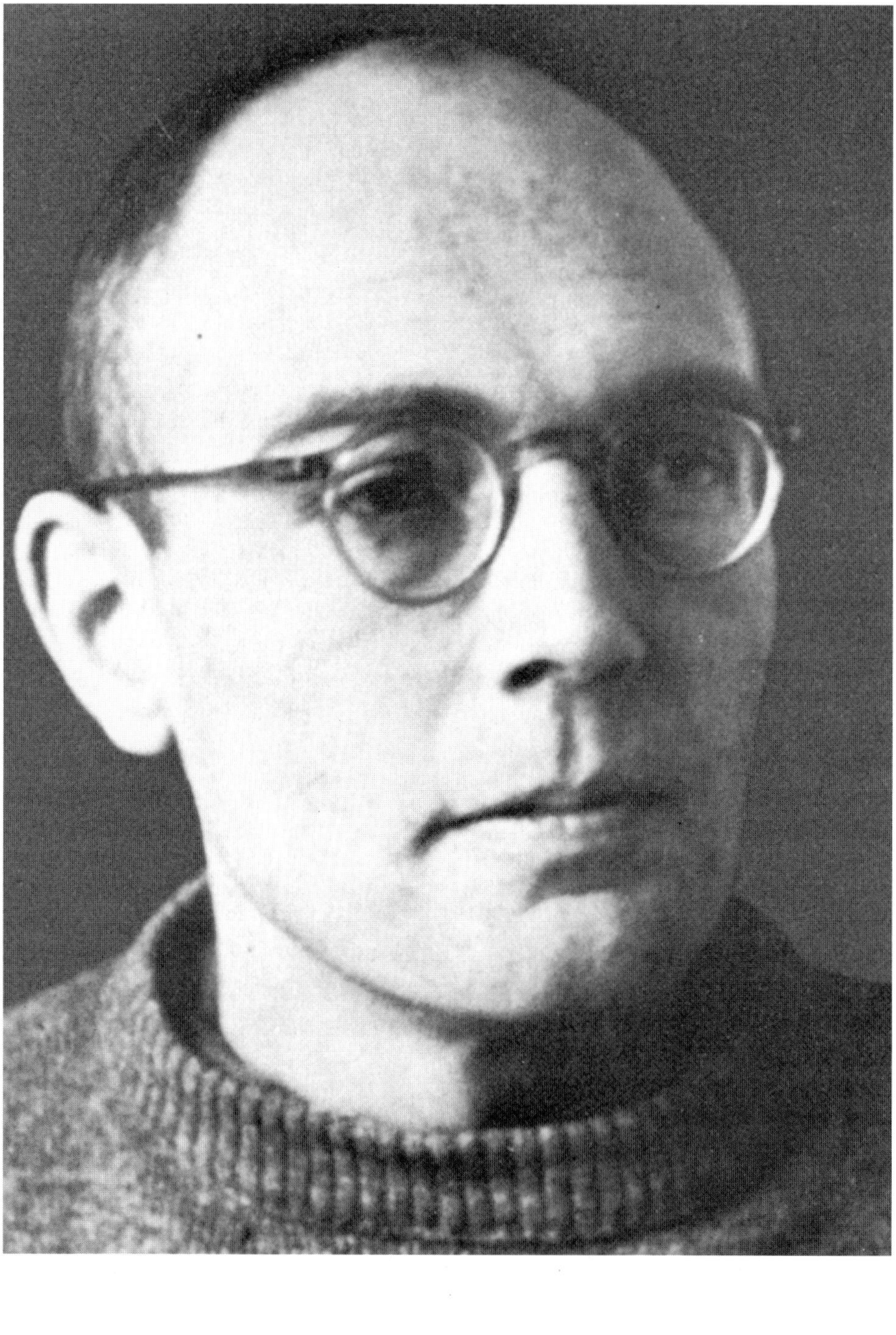

Karl Leisner

I

Karl Leisner wurde am 28. Februar 1915 in Rees am Niederrhein geboren. Er wuchs in einer gläubigen Familie im Kreis von vier Geschwistern auf. Seine Jugendzeit verlebte er in Kleve, wo er die Volksschule und das Gymnasium besuchte.

Die katholische Jugendbewegung beeinflußte entscheidend seine Entwicklung. Er liebte die Gemeinschaft junger Menschen, mit denen er große Fahrten durch Deutschland und die benachbarten Länder machte. Für seine religiöse Entwicklung gewann das Lesen der Heiligen Schrift, die Mitfeier der Liturgie und insbesondere die Feier der Eucharistie besondere Bedeutung. Im Kontakt mit der Schönstattgemeinschaft gewann eine innige Marienverehrung mehr und mehr prägende Kraft für sein Leben.

In diesen Jahren begann Karl Leisner regelmäßig ein Tagebuch zu führen, was einen tiefen Einblick in das Reifen seiner geistigen Persönlichkeit gibt. »Christus – du bist meine Leidenschaft!« Diese Eintragung in seinem Tagebuch kennzeichnet seine tiefe Christusliebe.

1934 machte Karl Leisner das Abitur. Er entschloß sich, Theologie zu studieren und Priester zu werden. Während seiner ersten Studiensemester in Münster wurde er vom Bischof beauftragt, als Diözesanjungscharführer an verantwortlicher Stelle in der Jugendseelsorge mitzuarbeiten. Es kamen schwere Zeiten für die kirchliche Jugendarbeit. Mit verlockenden Angeboten und zugleich verstecktem oder auch unverhülltem Druck wollten die nationalsozialistischen Machthaber die Jugend für sich gewinnen. Karl Leisner bemühte sich, trotz aller Erschwernisse und Gefahren die Jugendlichen weiterhin im kirchlichen Bereich zu sammeln und sie innerlich zu stärken, so daß sie der Ideologie des Nationalsozialismus widerstehen konnten. Schon längst war die Geheime Staatspolizei auf ihn aufmerksam geworden, legte über ihn eine Akte an, verfolgte aufmerksam sein Wirken und beschlagnahmte sogar seine Tagebücher.

Zwei Studiensemestern in Freiburg folgte ein Pflichtjahr im Reichsarbeitsdienst. Wie seine Tagebücher zeigen, suchte Karl Leisner in dieser Zeit tief innerlich bewegt nach Antwort auf die Frage, ob Gott ihn zum Leben in Ehe und Familie oder zum ehelosen Priestertum berufen habe. Er glaubte sich zum Priestertum berufen. Am 4. März 1939 wurde er zum Subdiakon geweiht; am 25. März des gleichen Jahres empfing er die Diakonenweihe.

Nur noch wenige Monate trennten ihn von der Priesterweihe. Doch Karl Leisner wurde krank. Die Ärzte stellten eine Lungentuberkulose fest. Er mußte für mehrere Monate in ein Sanatorium in St. Blasien im Schwarzwald, um sie auszuheilen. Am 8. November 1939 fand ein Attentat auf Adolf Hitler statt. Eine Äußerung Karl Leisners in diesem Zusammenhang wurde der Geheimen Staatspolizei gemeldet. Er wurde von der Gestapo verhaftet. Nach einiger Zeit im Freiburger Gefängnis wurde er ohne Gerichtsverhandlung zu »Schutzhaft« verurteilt und in das Konzentrationslager Sachsenhausen eingewiesen. Im Dezember 1940 wurde er in das Konzentrationslager Dachau überstellt.

Fünf Jahre erlebte Karl Leisner den Hunger, die Menschenschinderei und grausame Quälerei des Konzentrationslagers. Seine Krankheit brach wieder auf. Er wurde in das Krankenrevier verlegt, in eine Baracke, in der viele Kranke auf engstem Raum zusammengepfercht bei völlig unzureichender Ernährung und ärztlicher Versorgung dem Tod entgegensahen. Karl Leisner fand Kraft und Trost im Gebet, im Lesen der Heiligen Schrift und im Empfang der Eucharistie, die ihm immer wieder heimlich gebracht wurde. Trotz des fortschreitenden Krankheitsprozesses konnte er aus seiner inneren Kraft seine Mithäftlinge, insbesondere die Leidensgenossen in der Krankenbaracke, trösten und aufmuntern.

Im Herbst des Jahres 1944 wurde der französische Bischof Gabriel Piquet verhaftet und nach Dachau transportiert. Leisners Freunde wußten um seinen Herzenswunsch, Priester zu werden. Mit vieler Mühe bereiteten sie heimlich alles für eine Priesterweihe Erforderliche vor. Am 17. Dezember 1944 wurde Karl Leisner in der Lagerkapelle in Dachau zum Priester geweiht. Am zweiten Weihnachtstag 1944 feierte er zum erstenmal die heilige Messe.

Die Krankheit schritt fort. Karl Leisner konnte das Krankenbett nicht mehr verlassen. Als die amerikanischen Soldaten am 4. Mai 1945 das Lager Dachau befreiten, konnte er nicht mehr in seine Heimat zurückkehren. Er verlebte seine letzten Wochen im Sanatorium in Planegg bei München. In diesen Wochen schrieb er in sein Tagebuch: »Wir armen KZler! Sie wollten unsere Seele töten. O Gott, ich danke dir für die Errettung ins Reich der Liebe und Menschenwürde. Herr, gib, daß ich immer mehr dich liebe. Liebe und Sühne! Ich danke für alles. Verzeih mir meine Schwächen.« Sein Tagebuch schließt mit der Eintragung am 25. Juli 1945: »Segne auch, Höchster, meine Feinde.«

Am 12. August 1945 starb Karl Leisner. 1966 fand er sein Grab in der Märtyrerkrypta des Domes zu Xanten.

II

Predigt aus Anlaß des 40jährigen Gedenkens der Priesterweihe von Karl Leisner im Dom zu Xanten am 15. Dezember 1984

40 Jahre sind vergangen, seit Karl Leisner am 3. Adventssonntag des Jahres 1944 in Dachau zum Priester geweiht wurde. Aus diesem Anlaß versammeln wir uns heute an seinem Grab. Bei der Viktorstracht im Jahre 1936 sprach Bischof Clemens August hier an der Gedenkstätte des hl. Viktor und seiner Gefährten, der Glaubenszeugen aus alter christlicher Zeit, von den Märtyrergräbern der Glaubenszeugen unserer

Tage. Zu diesen Glaubenszeugen gehört auch Karl Leisner, der 1966 mit Heinz Bello und Gerhard Storm in der Krypta dieses Domes sein Grab gefunden hat.

Was mag am Vorabend der Priesterweihe im Herzen Karl Leisners vor sich gegangen sein?

Was mag der französische Bischof Gabriel Piquet empfunden haben, was die priesterlichen Mithäftlinge, die alles daran gesetzt hatten, um die Priesterweihe zu ermöglichen? Im Ritus der Priesterweihe heißt es bei der Überreichung der Patene und des Kelches durch den Bischof an den Neugeweihten: »Nimm hin die Gaben des Volkes für die Feier des Opfers. Bedenke, was du tust, ahme nach, was du vollziehst, und stelle dein Leben unter das Geheimnis des Kreuzes.« Ernste Worte! Bei der Priesterweihe in Dachau waren sie gefüllt mit der Wirklichkeit des Lebens. Karl Leisner verband die Hingabe seines Lebens mit der Hingabe des Herrn am Kreuz.

Bei der Einleitung des Seligsprechungsprozesses am 7. Dezember 1977 sagte Papst Paul VI.: »Geläutert durch Verfolgung und Leid, angesichts des Todes im Konzentrationslager Dachau zum Priester geweiht, wird Karl Leisner durch sein entschlossenes christliches Lebenszeugnis für immer mehr Priester und Gläubige zum nachahmenswerten Vorbild.«

1. Karl Leisner kann uns Vorbild sein in seiner tiefen Liebe zu Christus. »Christus, meine Leidenschaft!« Dieser Gedanke findet sich immer wieder in seinen Tagebüchern. Er entspringt nicht nur jugendlichem Überschwang und der Begeisterung des Augenblicks. In späteren Jahren kommt Karl Leisner darauf zurück: »Einst schrieb ich in jugendlichem Idealismus: Christus, meine Leidenschaft. Heute schreibe ich, schrecklich ernüchtert, aber geklärt: Jesus Christus, meine Liebe, mein ein und alles. Dir gehöre ich ganz und ungeteilt. So sei es.« Das Bild Christi steht vor ihm, auch im Alltag: »Mit Christus kann man leben.« Er bittet ihn: »O liebster Christus, hilf mir, nicht mutlos und ungeduldig zu werden.« Er sucht die Begegnung mit Christus im Gebet und in den Sakramenten: »In der Stille Christi wird mir so wohl, so weit, so friedvoll im Herzen.«
Karl Leisner zeigt uns: Christentum ist nicht eine abstrakte Idee oder eine Weltanschauung. Wesentliche Mitte des christlichen Glaubens ist die persönliche Beziehung des Menschen zu Jesus Christus. Wir spüren bei Karl Leisner etwas von der Faszination des Mannes, der den Schatz im Acker und die kostbare Perle gefunden hat. Christus hat ihn ergriffen. Er hat erfahren, daß von ihm eine Anziehungskraft ausgeht, die ihn in der Faszination des Gefundenen leben läßt.

2. Der Mann, der den Schatz im Acker und die kostbare Perle findet, setzt alles daran, diesen Schatz zu erlangen. In ähnlicher Weise führt das Ergriffensein von Christus Karl Leisner dazu, alles für ihn zu wagen. »Wage Dein Leben«, so notiert er in sein Tagebuch, »Wage Dich!« »Dies eine gewaltig Wagnis Deines Lebens heißt: Jesus Christus.« »Ganze Hingabe des Herzens und des Willens.«
Karl Leisner will in freier Hingabe ganz Christus gehören. Er schätzt die Freiheit als hohes Gut. Er hat sein Leben nicht gegen seinen Willen in eine bestimmte Richtung drängen lassen, auch nicht durch die Allgewalt der nationalsozialistischen Partei und des Staates. Er hat sich die Freiheit zur Entscheidung bewahrt

gegenüber allen Einflüssen, Tendenzen und Verlockungen, die versucherisch an die jungen Menschen der damaligen Zeit herankamen und denen nicht wenige erlegen sind.

Freiheit erweist ihren Sinn darin, daß der Mensch von ihr Gebrauch macht. Wer einer klaren Entscheidung ausweicht, läßt sich letztlich von anderen Einflüssen bestimmen und von anderen Kräften treiben. Er verliert seine Freiheit. Zur Freiheit gehört deshalb der Mut, sich zu entscheiden. Karl Leisner entschied sich für Christus und die Kirche. Er wollte in freier Hingabe dem Herrn gehören. Die Gabe, um die es in der Hingabe geht, besteht nicht in irgend etwas, und sei es noch so kostbar. Die Gabe, die wir dem Herrn hingeben, sind wir selbst. In dieser Hingabe findet ein Mensch Erfüllung. Wir sagen: Er tut etwas mit Hingabe, und meinen damit, daß er ganz mit dem Herzen dabei ist und Erfüllung findet.

In freier Hingabe dem Herrn gehören: Das ist das zweite, worin Karl Leisner uns Vorbild sein kann.

3. Mit dem Mut zur Entscheidung und zur Hingabe verbindet sich der Mut zum Bekenntnis: »Schäme dich nicht, dich zu unserem Herrn zu bekennen. Schäme dich auch meiner nicht, der ich um seinetwegen im Gefängnis bin«, schreibt Paulus an seinen Schüler Timotheus (2 Tim 1,8). Wie eine Antwort darauf klingt die Eintragung im Tagebuch Karl Leisners: »Keine Menschenfurcht, weder vor Dir selbst, noch vor anderen, auch den Höchstgestellten.« Karl Leisner schämte sich nicht, sich zu Christus und zur Kirche zu bekennen, auch als man sie mit dem Einsatz aller Möglichkeiten der Massenmedien in der Öffentlichkeit verächtlich zu machen suchte.

Zum Bekenntnis gehört der Mut, sich zu unterscheiden. Die Bilder vom Salz, vom Sauerteig und vom Licht, die Jesus selbst in seiner Verkündigung gebraucht, zeigen dies. Salz, das schal geworden ist, kann nicht mehr salzen. Sauerteig, der keine Kraft hat, kann den Teig nicht durchsäuern. Licht, das man nicht sieht, weil es unter den Eimer gestellt ist, kann die Dunkelheit nicht erhellen. Gewiß ist es oft leichter, anonym zu bleiben, in der Masse mitzulaufen und mit dem großen Strom zu schwimmen, ohne aufzufallen. Bekenntnis hingegen heißt: Flagge zeigen, Partei ergreifen, sich mit Gesicht und Namen für etwas einsetzen. Karl Leisner hatte den Mut, sich für Christus und seine Kirche zu exponieren.

Wer sich exponiert, bietet Angriffsflächen. Damit rechnet schon Jesus. Wer zu ihm steht und für ihn Partei ergreift, muß damit rechnen, Widerstand und Anfeindung zu erdulden. Das zeigt sich auch im Leben von Karl Leisner. Ihm stand das Wort Jesu vor Augen: »Ich sage euch: Wer sich vor den Menschen zu mir bekennt, zu dem wird sich auch der Menschensohn vor den Engeln Gottes bekennen.«

Mut zum christlichen Bekenntnis: Das können auch wir von Karl Leisner lernen.

4. Karl Leisner verdankt entscheidende Impulse und Orientierungen seines Lebens Pater Kentenich und der Schönstattgemeinschaft. Dazu gehört auch die besondere Verehrung der Gottesmutter. »Die heilige Mutter Gottes sei mir eine mächtige Fürsprecherin«, so bittet er. In den Tagen der Subdiakonatsweihe hält er in seinem Tagebuch fest: »Mit Unserer Lieben Frau! Unter ihre mächtige Fürbitter-Hand

wollen wir diesen Lebensentscheid stellen. Es wird dann alles an ein gutes Ende kommen: unser Priestertum und das Ende des Lebens.«

Von Maria lernte er die Bereitschaft, sich von Gott in Dienst nehmen zu lassen. Nach dem Beispiel ihres Glaubens und ihrer Liebe wollte auch er dem Werk der Erlösung dienen. Sie, die Königin der Apostel, sollte auch seinen Dienst mit ihrer Fürsprache begleiten.

Wir können von Karl Leisner lernen, wie eine echte Marienfrömmigkeit zu Christus führt und christliches Leben bereichert.

Liebe Christen! Die Gemeinschaft derer, die mit Christus verbunden sind, endet nicht mit dem Tod. Karl Leisner steht mit uns in der Reihe der Glaubenden, wenn wir in diesem Gottesdienst Gott danken und ihm unsere Bitten vortragen. Wir danken Gott dafür, daß er uns Karl Leisner geschenkt hat. Wir bitten Karl Leisner, daß er unser Gebet bei Gott durch seine Fürbitte unterstütze.

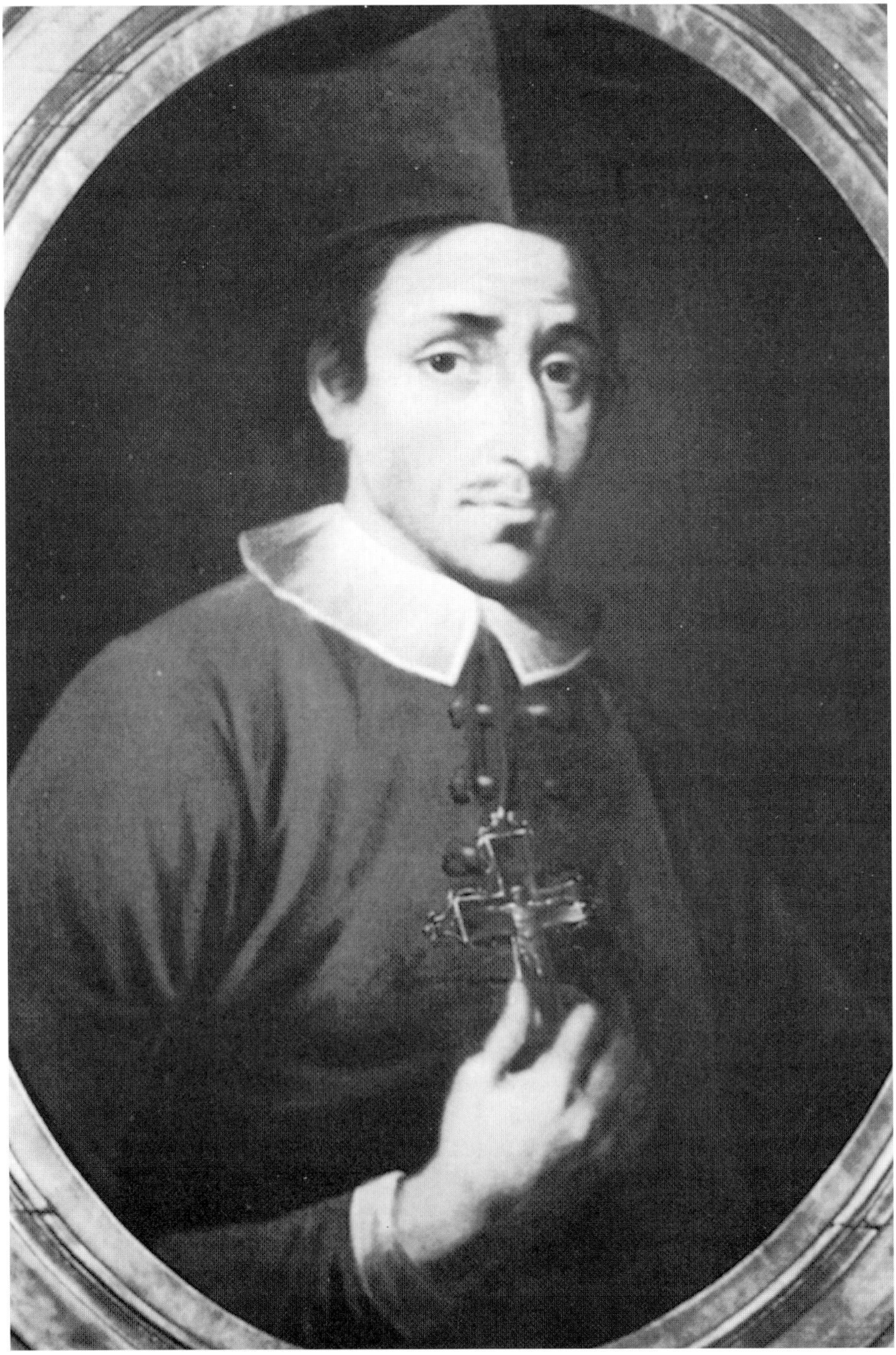

Niels Stensen

I

Niels Stensen wurde am 11. Januar 1638 in Kopenhagen von evangelisch-lutherischen Eltern geboren. Nach erfolgreichem Abschluß der Schulzeit wurde er 1656 zum Studium der Medizin an der Universität in Kopenhagen zugelassen. Ein Tagebuch aus den Universitätsjahren zeugt von seiner persönlichen Frömmigkeit und seinem Bemühen um ein christliches Leben.

Ende 1659 oder Anfang 1660 ging Niels Stensen nach Holland, um seine medizinischen Studien zu vervollkommnen. Am 6. April 1660 machte er seine erste wissenschaftliche Entdeckung. Er entdeckte den nach ihm benannten Ductus Stenonianus, einen Gang, der von der Drüse Speichel zum Munde führt.

In seiner holländischen Zeit von 1660 bis 1663 machte er weitere Entdeckungen im Bereich der Drüsen, der Muskeln und des Herzens, die er in zwei Bänden veröffentlichte.

In dieser Zeit hatte Niels Stensen freundschaftliche Kontakte mit großen Gelehrten und Wissenschaftlern, u. a. auch mit dem Philosophen Baruch Spinoza.

Nach einem kurzen Aufenthalt in Kopenhagen – er hatte die Hoffnung, an der dortigen Universität einen Lehrstuhl zu bekommen, aufgegeben – ging er nach Paris. Seine Forschungsarbeiten, die in dieser Zeit vor allem der Embryologie und der Anatomie galten, erwarben ihm einen Platz in der ersten Reihe der Wissenschaftler seiner Zeit.

In Paris begegnete Niels Stensen katholischen Persönlichkeiten, die ein bewußt geistliches Leben führten und ihn tief beeindruckten.

Anfang 1666 war Niels Stensen in Italien am Hof des Großherzogs der Toscana. Sein Ruf war ihm vorausgeeilt, so daß ihn in Florenz ein herzlicher Empfang erwartete. Später betrachtete Niels Stensen Florenz als seine zweite Heimat.

Ein mehrmonatiger Aufenthalt in Rom brachte ihn in Verbindung mit hervorragenden Persönlichkeiten des wissenschaftlichen, kulturellen und kirchlichen Lebens. In Florenz wurde er Mitglied der berühmten Academia del Cimento, an deren wissenschaftlichen Arbeiten er sich beteiligte.

Am 9. Juni 1667 sah Niels Stensen in Livorno die Fronleichnamsprozession. Dieses Erlebnis wurde entscheidend für seinen weiteren religiösen Weg. Er widmete sich dem Studium der Theologie und entschloß sich noch im gleichen Jahr, katholisch zu werden. Frau Arnolfini, die er in Lucca kennengelernt hatte, spielte dabei eine entscheidende Rolle. Zwei Schriften über seine Konversion, die er veröffentlichte, um seinen Freunden seine Motive darzulegen, geben Aufschluß über seinen geistlichen Weg.

In den Jahren 1668 bis 1671 widmete sich Niels Stensen vor allem geologischen Forschungen, die ihn durch weite Teile Europas führten. 1672 rief König Christian V. ihn nach Kopenhagen zurück, wo er bis 1674 als königlicher Anatom arbeitete.

1674 übertrug Großherzog Cosimo III. ihm in Florenz die Ausbildung seines Sohnes Ferdinand. Zwei Jahre widmete sich Niels Stensen dieser Aufgabe. In dieser Zeit wuchs in ihm der Wunsch, Priester zu werden. Am 14. April 1675 konnte er die erste heilige Messe feiern.

1677 wurde Niels Stensen, nach längeren Verhandlungen des katholischen Herzogs von Hannover mit dem Papst, zum Apostolischen Vikar in den Territorien des Herzogs ernannt. Am 19. September empfing er durch Kardinal Gregorio Barbarigo im Rom die Bischofsweihe.

Mit großer Klugheit begann Niels Stensen seine apostolische Tätigkeit in Hannover. Die Situation der verstreuten Katholiken war nicht leicht. Aus dieser Zeit stammen einige Schriften über Fragen des Glaubens in der Auseinandersetzung mit protestantischen Autoren. Der plötzliche Tod des Herzogs am 28. Dezember 1679 machte einen weiteren Aufenthalt von Niels Stensen in Hannover unmöglich.

Auf Bitten Ferdinands von Fürstenberg, des Fürstbischofs von Münster und Paderborn, wurde Niels Stensen zum Weihbischof für Münster ernannt. Von August 1680 bis August 1683 wirkte er selbstlos und mit großem Eifer als Seelsorger und Bischof in der Stadt und im Bistum Münster. Er sah, wie notwendig ein neuer geistlicher Aufbruch war. Deshalb widmete er seine Aufmerksamkeit in besonderer Weise der Verkündigung, der religiösen Unterweisung sowie der Spendung der Sakramente. Er predigte in vielen Gemeinden, besonders auch in St. Ludgeri, Münster, wo er für längere Zeit Dechant und Pfarrer war. Unermüdlich war er im großen Bistum unterwegs, um das Sakrament der Firmung zu spenden. Sein frommes, asketisches Leben brachte ihn in den Ruf, ein Heiliger zu sein.

Nach dem Tod des Fürstbischofs Ferdinand bekam Niels Stensen Schwierigkeiten mit dem Domkapitel in Münster, die sein pastorales Wirken unmöglich machten. Stensen mißbilligte die finanziellen Manipulationen bei der Wahl des neuen Bischofs und verließ am Tag der Bischofswahl, am 1. September 1683, Münster. Er ging nach Hamburg, von wo er der Propagandakongregation in Rom einen ausführlichen Bericht über die Vorgänge in Münster schickte.

1684 wurde Niels Stensen von den Aufgaben eines Weihbischofs in Münster befreit und in seinen Aufgaben als Apostolischer Vikar bestätigt. Sein Bereich wurde um die Vikariate erweitert, die Fürstbischof Ferdinand bisher betreut hatte. Seine letzten drei Jahre verbrachte Niels Stensen als Apostolischer Vikar in Hamburg und später in Schwerin, wo er am 5. Dezember 1686 starb. Sein Freund Cosimo III. ließ seine Gebeine nach Florenz überführen. Sein Grab ist in der Basilika San Lorenzo.

Niels Stensen fand die hohe und uneingeschränkte Anerkennung und Wertschätzung der Wissenschaftler und Gelehrten seiner Zeit. Er war, auch schon in den Tagen, da er sich zur lutherischen Konfession bekannte, ein überzeugter Christ, der sich bemühte, seinem christlichen Glauben entsprechend zu leben. Als Priester und Bischof war er erfüllt von apostolischem Eifer. Er setzte sich mit ganzem Herzen und unter vielen persönlichen Entbehrungen für die Verkündigung des Evangeliums ein.

Das Leben Niels Stensens ist ein Beispiel für das Miteinander von Glauben und Wissenschaft. Seine Aufrichtigkeit, seine Feinfühligkeit und sein edles Verhalten im Umgang mit Menschen anderer Überzeugungen können auch uns heute Vorbild sein.

II

Bischofswort zur Seligsprechung von Niels Stensen am 23. Oktober 1988

Heute, am 23. Oktober, spricht unser Heiliger Vater, Papst Johannes Paul II., unseren früheren Weihbischof Niels Stensen selig.

1. Wer ist Niels Stensen?

   Niels Stensen lebte von 1638 bis 1686. Er war ein berühmter dänischer Arzt. Als Forscher genoß er in ganz Europa Ansehen. Er bereicherte die medizinische Wissenschaft durch wichtige Entdeckungen. Durch seine geologischen Studien wurde er zum Begründer der Kristallographie. Er stand in regem geistigen Austausch mit den großen Gelehrten und Wissenschaftlern seiner Zeit.

   Niels Stensen war ein gläubiger evangelischer Christ. Bei seinen langjährigen Studienaufenthalten in den europäischen Zentren der Wissenschaft kam er mit katholischen Christen in Berührung. 1667 wurde er in Florenz katholisch. Auch nach seiner Konversion blieb es für ihn wichtig, daß sich alle Christen miteinander zu einer glaubwürdigen Verwirklichung des Evangeliums herausfordern lassen.

   1675 empfing Niels Stensen die Priesterweihe. Nachem er 1677 in Rom zum Bischof geweiht worden war, kam er nach dreijähriger Tätigkeit als Apostolischer Vikar der nordischen Missionen in Hannover als Weihbischof nach Münster. In den wenigen Jahren seiner bischöflichen Tätigkeit hat er zahlreiche Gemeinden des Bistums besucht, das Sakrament der Firmung gespendet und Kirchen und Altäre geweiht. Niels Stensen bemühte sich sehr um eine Vertiefung des religiösen Lebens. Er traf dabei auf viele Schwierigkeiten, die ihn schließlich veranlaßten, 1683 wieder in die nordischen Missionen zurückzukehren. Am 5. Dezember 1686 starb er in Schwerin.

2. Was bedeutet die Seligsprechung?

   Wir glauben an die Gemeinschaft der Heiligen. Es ist die Gemeinschaft derer, die durch Glauben und Liebe mit Christus verbunden sind. Diese Gemeinschaft mit Christus und miteinander endet nicht mit dem Tod. Wir glauben an das ewige Leben.

   Wenn der Papst im Namen der Kirche einen Menschen seligspricht, bedeutet das: Wir sind im Glauben davon überzeugt, daß er sein ewiges Ziel bei Gott erreicht hat. Er kann uns Vorbild christlichen Lebens sein, und wir bitten ihn, bei Gott für uns einzutreten.

   Ein dänischer Philosoph sagt von Niels Stensen: »Hier ist ein Mann, der auf der Höhe seines Wirkens steht, ein Mann, angesehen als einer der Größten Europas, der alles aufzugeben wagte, um das zu gewinnen, das nun alles für ihn geworden war. Er warf alles weg, Ehre, Macht und Gold, um in Armut und Elend zu leben. So konsequent er früher in der Wissenschaft seine Methode durchgeführt hat und zum Kern der Probleme vorstieß, so ernst führt er jetzt sein Christentum bis zum äußersten«.

Man meint, in diesen Worten des dänischen Philosophen einen Nachklang der Worte Jesu zu hören, der gesagt hat: »Mit dem Himmelreich ist es wie mit einem Schatz, der in einem Acker vergraben war. Ein Mann entdeckte ihn, grub ihn aber wieder ein, und in seiner Freude verkaufte er alles, was er besaß, und kaufte den Acker. Auch ist es mit dem Himmelreich wie mit einem Kaufmann, der schöne Perlen suchte. Als er eine besonders wertvolle Perle fand, verkaufte er alles, was er besaß, und kaufte sie« (Mt 13,44–46).

Niels Stensen hat den kostbaren Schatz und die wertvolle Perle für immer gefunden.

3. Was kann Niels Stensen uns heute sagen?

Nach seiner Konversion zur katholischen Kirche hielt Niels Stensen im großen Hörsaal der Medizinischen Fakultät der Universität Kopenhagen eine Vorlesung. Dabei sezierte er, der weithin anerkannte Anatom, eine Leiche. Er schloß seine Vorlesung mit den berühmt gewordenen Worten: »Schön ist, was wir sehen, schöner, was wir wissen, weitaus am schönsten, was wir nicht fassen.«

»Schön ist, was wir sehen.«

Niels Stensen hatte einen Blick für die Schönheit der Natur. Er bewunderte den kunstvollen Aufbau des menschlichen Leibes und freute sich über den Reichtum und die Vielfalt der Schöpfung.

Niels Stensen sah die Natur mit dem Blick des Wissenschaftlers, der nicht an der Oberfläche hängen bleibt, sondern die inneren Zusammenhänge und Gesetzmäßigkeiten zu erkennen sucht. Es gab eine kleine Revolution, als er die Erkenntnis vertrat, daß das Herz nicht der geheimnisvolle Sitz des Lebens, sondern ein Muskel wie jeder andere Muskel auch ist. Seine wissenschaftlichen Erkenntnisse führten jedoch nicht zu einem Gegensatz zwischen Glauben und Wissen. Die Natur als Schöpfung wird für ihn zu einem Hinweis auf die Größe und Schönheit des Schöpfers.

Schön ist, was wir sehen: Wir leben heute in der Gefahr, daß die Natur zu einem bloßen Laboratorium für die Menschen wird. Die Natur ist Schöpfung Gottes. Gott selbst sagt von ihr, daß sie gut ist. Wir dürfen sie nicht ausbeuten und zerstören, sondern müssen sie dem Schöpfungsauftrag entsprechend hüten und pflegen. Das Wort Niels Stensens »Schön ist, was wir sehen« kann uns anspornen, Sorge zu tragen, daß die Schöpfung in ihrer Schönheit erhalten bleibt.

»Schön ist, was wir sehen – schöner, was wir wissen.«

Niels Stensen lebte am Beginn der Epoche, in welcher die Naturwissenschaft den siegreichen Zug ihrer Entdeckungen beginnt. Er stand in seiner Zeit in der vordersten Linie naturwissenschaftlichen Forschens und Erkennens. Die wissenschaftliche Erkenntnis machte ihm Freude.

Inzwischen sind viele Erkenntnisse der Wissenschaft durch die technische Entwicklung zu Bestandteilen unseres Lebens geworden. Aber wir erkennen auch, daß Wissenschaft und Technik den Menschen aus der Hand gleiten und zu Mitteln einer unvorstellbaren Selbstzerstörung werden können. Eine bloß wissenschaftlich und technisch bestimmte Welt wird kalt und unmenschlich.

Wir müssen Sorge tragen, daß aus diesen Ängsten nicht eine Wissenschaftsfeindlichkeit erwächst. Im Sinn von Niels Stensen ist es keine angemessene Reaktion, das Wissen zu verneinen oder gar die Wissenschaft zu verdammen. Der Fortschritt des Wissens erfordert vielmehr einen entsprechenden Fortschritt in der Entfaltung aller menschlichen Werte. Wissenschaft und Technik sollen helfen, das Leben menschlicher und menschenwürdiger zu gestalten. Es ist notwendig, sich auf den Vorrang der Ethik vor der Technik zu besinnen. Die menschliche Person hat den Vorrang vor allen Sachen.

»Schön ist, was wir sehen. Schöner, was wir wissen, am schönsten, was wir nicht fassen.«

Als Naturwissenschaftler und Forscher suchte Niels Stensen die Gesetze der Natur zu erkennen. Als Anatom hat er das Herz des Menschen erforscht und oft ein Herz in seinen Händen gehalten. Doch er erkannte, daß die Naturwissenschaft an ihre Grenzen stößt, wo es um die tiefsten Fragen des Menschen geht.

Niels Stensen wählte sich für seinen bischöflichen Dienst das Herz mit dem Kreuz. Er weiß um die Grenzen der wissenschaftlichen Erkenntnis. Das Sehnen des Herzens geht darüber hinaus. In ihm lebt die Sehnsucht nach Leben, nach der Fülle des Lebens. Die Antwort auf diese Sehnsucht kann allein Gott geben. Er gibt sie in seinem Sohn Jesus Christus.

Der Verkündigung dieses von Gott uns Menschen geschenkten Heils widmete Niels Stensen die letzten Jahre seines Lebens, vor allem die Jahre seines bischöflichen Dienstes. Die Frohe Botschaft von Gottes Heil hat er als Dechant der Ludgerikirche in Münster verkündet. Um diese Botschaft zu verkünden, ist er unermüdlich als Weihbischof in unserem Bistum unterwegs gewesen.

Das Kreuz mit dem Herzen weist daraufhin, daß Gott selbst sein Herz, das Herz seines Sohnes, öffnet, damit wir Zugang finden zu ihm, zu seiner Liebe und zu seinem Erbarmen. Von diesem Erbarmen Gottes war Niels Stensen zutiefst ergriffen. Das zeigt das Gebet, das er bis in seine Todesstunde gebetet hat: »Jesus, sis mihi Jesus!« – »Jesus, sei für mich Jesus!«

Die ungewöhnliche Formulierung lädt ein, über dieses Gebet nachzudenken. Der Name Jesus bedeutet: »Gott ist unser Heil. Gott ist unser Leben. Gott ist unser Heiland.« Der Name, den Jesus trägt, ist eine Verheißung, und zugleich ist er mehr. Die Verheißung, daß Gott unser Heil ist, wird lebendige Wirklichkeit in seinem Sohn Jesus Christus. Aus seinen Augen blickt Gott uns an. Mit seinen Händen segnet uns Gott. In ihm zeigt sich Gott als unser Retter. In Jesus wird Gottes Heil für uns persönliche Gegenwart.

»Jesus, sei für mich Jesus!« Dieses Gebet Niels Stensens lädt uns ein, es zu unserem eigenen Gebet zu machen. »Jesus, sei auch für mich Jesus! Sei auch mir Retter und Heiland!«

Predigt am Allerheiligenfest, dem 1. November 1988, im Dom zu Münster

An diesem Allerheiligentag haben wir die Freude, zum erstenmal in der Allerheiligen-Litanei einen Menschen anrufen zu dürfen, der drei Jahre als Dechant in St. Ludgeri und als Weihbischof hier in Münster gelebt und gewirkt hat: Niels Stensen. Am 23. Oktober dieses Jahres hat Papst Johannes Paul II. ihn in Rom seliggesprochen.

Was kann Niels Stensen uns sagen? Auf zwei Momente will ich hinweisen, die für unser christliches Leben von Bedeutung sind:

1. Niels Stensen lebte am Beginn der Epoche, in der die Naturwissenschaft den siegreichen Zug ihrer Entdeckungen beginnt. Er steht in seiner Zeit in der vordersten Linie des Forschens. Die wissenschaftliche Erkenntnis macht ihm Freude. Als Mediziner und Anatom erforscht er das Herz des Menschen. Oft hält er ein Herz in seinen Händen. Doch er erkennt, daß die Naturwissenschaft an ihre Grenze stößt, wo es um die tiefsten Fragen des menschlichen Herzens geht.

Seit den Tagen Niels Stensens haben Wissenschaft und Technik entscheidenden Einfluß auf die Gestaltung unserer Welt gewonnen. Vielen Menschen ist Gott dabei aus dem Auge geschwunden. In unserer Zeit spüren wir wieder deutlicher, daß wir die Fragen nach dem Sinn und Wert des menschlichen Lebens bei der Gestaltung unserer Welt nicht ausklammern dürfen. In ihnen meldet sich die Frage nach Würde und Wert des Menschen. Diese Frage aber findet ihre Antwort letztlich von Gott her.

Niels Stensen wählt als Wappenbild für seinen bischöflichen Dienst das Herz mit dem Kreuz. Gott ist für ihn nicht eine ferne Macht, die die Welt und die Menschen ihrem Schicksal überläßt. Gott ist uns nahe gekommen in seinem eigenen Sohn Jesus Christus. Gott öffnet sein Herz für die Menschen. Er offenbart es im geöffneten Herzen seines Sohnes am Kreuz.

Niels Stensen kennt das Herz des Menschen und das Herz Gottes. Das Beispiel seiner Persönlichkeit kann uns zeigen, wie Menschen in einer von der Wissenschaft und Technik geprägten Welt als gläubige Christen leben können.

2. Als Weihbischof in Münster schrieb Niels Stensen eine Anleitung für den Dienst der Pfarrer. Sein Urteil über die kirchlichen Verhältnisse seiner Zeit faßt er in dem Wort zusammen: »Der Glaube vergreist sozusagen und nimmt in den einzelnen von Tag zu Tag mehr ab. Ja wir können kaum das Erworbene bewahren.« Man könnte meinen, es sei eine Beschreibung unserer Zeit.

Der hl. Augustinus unterscheidet zwei Weisen des Christseins: Christsein aufgrund von Beispiel und Autorität und Christsein aufgrund von Einsicht und Entscheidung. Lange Jahrhunderte hindurch bis weit in die Neuzeit hinein war die erste Weise des Christseins vorherrschend: das Christsein aufgrund von Beispiel und Autorität. Niels Stensen sieht die Zeit heraufziehen, da diese erste Weise des Christseins immer mehr von der zweiten Weise durchdrungen werden muß: vom Christsein aufgrund von Einsicht und Entscheidung. Er sieht die Schwäche des christlichen Lebens darin, daß der Glaube zu wenig entschieden gelebt wird. Deshalb ist er der Überzeugung: »Der Schwerpunkt der Glaubenshaltung (muß) tiefer ins Eigentlich-Personale, in das Wagnis und die Treue der Entscheidung gerückt werden« (Romano Guardini).

Es bedrückt Niels Stensen, daß der christliche Glaube weithin profillos geworden ist. Er müht sich um einen ausdrücklichen Glauben, der von Christus her sein Profil bekommt. Im christlichen Glauben geben wir uns nicht einer Sache oder Idee hin, sondern Gott und seinem Sohn Jesus Christus. Diese Hingabe begründet ein persönliches Verhältnis zum Herrn. Wir haben Gemeinschaft mit ihm. Sein Evangelium gibt uns Orientierung für unser Leben. Die Gemeinschaft mit Christus ist nicht in erster Linie das Ergebnis eigenen Bemühens. Christus bietet sie uns an und läßt sie uns erfahren: in seinem Wort, im Gebet, im Gottesdienst und in den Sakramenten.

Echte Liebe zu Christus findet Niels Stensen nicht nur bei katholischen, sondern auch bei evangelischen Christen. Er bleibt auch nach seiner Konversion mit ihnen im Gespräch. Die Einheit der Christen ist ihm ein Anliegen, das er im Gebet vor Gott trägt. Wir wollen in diesem Anliegen mit ihm beten: »Allmächtiger und barmherziger Gott! Wir bitten dich von Herzen, laß alle Menschen auf dein heiliges Wort hören und es allein nach des Heiligen Geistes Auslegung verstehen. Dann würden wir alle bald wieder eine Seele, ein Herz, eine Erde, ein Weinstock, ein Leib, eine einzige, allgemeine, heilige Kirche Christi.«

Predigt an Silvester 1988 in St. Lamberti in Münster

Am 23. Oktober des zu Ende gehenden Jahres hat Papst Johannes Paul II. in Rom den dänischen Arzt und Naturwissenschaftler, unseren früheren Weihbischof Niels Stensen, seliggesprochen. Er wurde in Dänemark geboren; in seinen Studienjahren war er in Holland und Frankreich, als Forscher und Priester lebte er in Florenz und tat schließlich bischöflichen Dienst in Deutschland. Niels Stensen war Bürger unserer Stadt und zugleich Bürger Europas.

Im kommenden Jahr werden die Wahlen zum Europa-Parlament sein. Die Staaten Europas treffen Vorbereitungen zur Schaffung des europäischen Binnenmarktes. Was kann uns in dieser Situation die Gestalt Niels Stensen sagen?

1. Niels Stensen lebte in einem Europa, das schwer unter den Verheerungen des Dreißigjährigen Krieges litt. Viele Städte und weite Landstriche waren verwüstet. Millionen von Menschen hatten durch den Krieg und seine unheilvollen Auswirkungen den Tod gefunden. Im Gefolge des Krieges war es zu einer geistigen und sittlichen Verrohung und Verwilderung gekommen.
   Seit der Zeit Niels Stensens haben die Völker Europas immer wieder Kriege gegeneinander geführt. Mit Niels Stensen und noch deutlicher als er erkennen wir:

Europa kann nur überleben im Frieden. Die Zukunft Europas liegt nicht im Gegeneinander und Nebeneinander der Völker, sondern in ihrem Miteinander. Niels Stensen hatte viele Bekanntschaften und Freundschaften auf europäischer Ebene. Er kann uns daran erinnern: Das Miteinander der Völker Europas ist nicht allein oder vorwiegend eine Sache von Verträgen, sondern wesentlich eine Sache guter, freundschaftlicher menschlicher Beziehungen.

2. Niels Stensen lebte in einem durch die Glaubensspaltung religiös zerrissenen und zerstrittenen Europa. Er selbst war gläubiger evangelischer Christ, bevor er in Florenz katholisch wurde. Die Einheit der Christen war ihm ein Herzensanliegen. Er wußte aus eigener Erfahrung, was 300 Jahre später in unseren Tagen das II. Vatikanische Konzil mit den Worten aussprach: »Eine solche Spaltung widerspricht (aber) ganz offenbar dem Willen Christi. Sie ist ein Ärgernis für die Welt und ein Schaden für die heilige Sache der Verkündigung des Evangeliums vor allen Geschöpfen.«
Niels Stensen beschritt den einzig möglichen Weg, der zur Einheit führen kann: den Weg des Gebetes, des Gespräches und des Miteinander im Einsatz für das Evangelium, ein Weg, der auch uns heute aufgegeben ist.

3. Niels Stensen lebte am Beginn der europäischen Neuzeit. Durch seine naturwissenschaftlichen Forschungen hat er den siegreichen Einzug der Wissenschaft und Technik in der europäischen Kultur mit vorbereitet. Unsere europäische Kultur ist heute weithin von der Wissenschaft und Technik geprägt. Hat in einer solchen Kultur der christliche Glaube noch einen Platz? Als Napoleon den französischen Astronomen Laplace fragte, wo denn Gott in seinem System stehe, antwortete dieser: »Ich brauche diese Hypothese nicht.« In ähnlicher Weise sagte der englische Biologe Julian Huxley: »Die ›Hypothese Gott‹ wird zentimeterweise ermordet und stirbt den Tod von tausend Einschränkungen.«
Niels Stensen hat in seinen Forschungen erkannt, daß das Herz des Menschen ein Muskel ist. Aber es bleibt das Herz des Menschen mit den Fragen des Menschen. Gertrud von le Fort spricht dies aus mit den Worten: »Wo kam ich her – Wo komm ich hin? Weiß nichts vom Ziel und Anbeginn. Ich treibe hin im Sternenlicht. Wer bin ich, wenn die Zeit zerbricht?« Diese letzten Fragen des Menschen finden eine Antwort im Glauben. Religion und Glauben werden deshalb nicht überflüssig. Das Beispiel Niels Stensen zeigt uns, wie Menschen in einer von Wissenschaft und Technik geprägten Kultur als gläubige Christen leben können.

4. Niels Stensen war erfüllt von dem Bewußtsein von Würde und Wert des Menschen, jedes einzelnen Menschen.
Die Heilige Schrift berichtet uns schon in ihren ersten Kapiteln vom Turmbau zu Babel. Die Menschen wollen sich einen Namen machen. In eigener Macht und Vollkommenheit bauen sie eine Stadt der Menschen. Gott haben sie dabei aus dem Blick verloren. Ein Kommentar der rabbinischen Überlieferung sagt zu dieser Geschichte: »Wenn bei dem Turmbau ein Mensch herunterfiel und dabei umkam, haben sie nicht auf ihn geachtet. Fiel jedoch ein Ziegelstein herunter, so setzten sie

sich nieder und weinten und sagten: Weh uns! Wann wird ein anderer an seiner Stelle hinaufkommen?«

Eine Stadt der Menschen, sofern sie eine Stadt ohne Gott ist, wird allzu leicht aufhören, eine Stadt der Menschlichkeit zu sein. Was wird Europa in Zukunft sein? Wie wird es mit der Achtung und Anerkennung der Würde des Menschen bestellt sein? Wir haben in Europa allen Grund, Gott im Blick zu halten, damit wir Menschen in Menschlichkeit leben können.

5. Zu den Grundlagen Europas gehört das Christentum. Wird auch das kommende Europa vom christlichen Glauben geprägt sein?

   Aufgrund seiner Erfahrungen schreibt Niels Stensen: »Der Glaube vergreist sozusagen und nimmt in den einzelnen von Tag zu Tag mehr ab, ja wir können kaum das Erworbene bewahren.« Man könnte meinen, daß Niels Stensen damit eine Charakterisierung unserer Zeit gibt. Untersuchungen im westlich geprägten Europa haben ergeben, daß der christliche Glaube dabei ist, unsichtbar und sprachlos zu werden.

   Niels Stensen weist hin auf die Zeit der jungen Kirche. Jeder Bekehrte war damals zugleich ein Apostel. Jeder Christ war zugleich ein Zeuge Jesu Christi. Vielleicht sieht er die frühe Kirche ein wenig zu ideal. Dennoch zeigt sein Hinweis, in welche Richtung hinein das pastorale Bemühen von Niels Stensen weist. Es liegt an uns Christen, den christlichen Glauben in Europa zur Sprache zu bringen und ihn in einem christlichen Lebensstil sichtbar werden zu lassen.

   Niels Stensen, unser neuer Seliger, kann uns auf dem Weg in das neue Jahr und in die Zukunft Europas anregender Begleiter und tatkräftiger Fürsprecher sein.